Cesáreo Fernández Duro

La nao Santa María

Barcelona 2024
Linkgua-ediciones.com

Créditos

Título original: La nao Santa María.

e-mail: info@linkgua.com

Diseño de cubierta: Michel Mallard.

ISBN rústica ilustrada: 978-84-9897-298-6.
ISBN tapa dura: 978-84-9953-097-0.
ISBN ebook: 978-84-9953-236-3.

Sumario

Brevísima presentación

La vida

Cesáreo Fernández Duro (Zamora, 25 de febrero de 1830-5 de junio de 1908) fue un Capitán de Navío de la Armada Española, escritor, erudito e historiador.

Como marino, tuvo una vida un tanto aventurera, participando en «la jornada de Joló» en el Pacífico filipino, en la primera campaña de África (1860) y en la expedición de Prim a México, además de navegar durante varios años por las Antillas y el Mediterráneo. Como escritor, fue un polígrafo; escribió sobre cocina (*La cocina del Quijote*) y temas cervantinos (*Cervantes, marino*), sobre la mujer (*La mujer española en Indias*) y sobre su provincia natal (*Noticias referentes a la provincia de Zamora*) y sobre otros muchos temas, aunque su preocupación principal fue la historia naval española, destacando su todavía imprescindible y muy enciclopédica *Historia de la Armada Española* (1895-1903) en nueve volúmenes y los seis tomos de sus Inquisiciones náuticas (1876-1881). *Naufragios de la Armada Española* (1867) es su primer libro de temática naval y uno de los más interesantes, aunque nunca hasta el momento se había reeditado, desde la primera aparición, debido quizás a la rareza de sus ejemplares. En él se hace un recuento pormenorizado, fruto de arduas investigaciones en archivos, de gran cantidad de navíos españoles perdidos a través de los siglos a causa de desastres naturales, guerras o acciones piráticas, con indicaciones precisas de los lugares en que tuvieron lugar los naufragios. Lo que sigue otorgando a este libro una indiscutible actualidad histórica y novelesca.

La obra

La Santa María fue la única nao y la más grande de las tres embarcaciones empleadas por Cristóbal Colón en su primer viaje al Nuevo Mundo en 1492. Fue uno de los tres primeros barcos en atravesar el océano atlántico y en verificar parcialmente la redondez de la tierra. Los otros barcos de la expedición eran dos carabelas: La Niña y La Pinta.

La nao Santa María es un tratado encargada por el Ministerio de Marina de España en 1892 para conmemorar el IV descubrimiento del continente americano. Contando con los estudios del historiador y capitán de navío, Cesáreo Fernández Duro, y basándose en los planos de la obra de Rafael Monleón, Arquitectura naval, se eligió la nao Santa María para que protagonizara esta fiesta naval, celebrada en La Rábida en julio de 1892.

Cesáreo Fernández Duro dirigió los estudios arqueológicos que le permitieron la reconstrucción de la histórica nave. En este tratado encontramos descritos a la perfección la complejidad del proyecto; los instrumentos de navegación, el modo de vida de la tripulación, las características de la nave y otras cuestiones de interés.

La Nao Santa María

MEMORIA DE LA COMISIÓN ARQUEOLÓGICA EJECUTIVA

1892

DIBUJOS DE R. MONLEÓN

LA NAO SANTA MARÍA

CAPITANA DE CRISTÓBAL COLÓN

EN EL DESCUBRIMIENTO DE LAS INDIAS OCCIDENTALES

RECONSTITUIDA POR INICIATIVA DEL MINISTERIO DE MARINA

Y LEY VOTADA EN CORTES EN EL ARSENAL DE LA CARRACA PARA SOLEMNIDAD DEL CENTENARIO CUARTO DEL SUCESO

ÍNDICE

* Cámaras y alojamientos
* Camas
* Matalotaje
* Fogón
* Beques
* Luces
* Bombas
* X Disposición del ánima
* Trajes
* Índice

COLOCACIÓN DE LAS LAMINAS
* Excelentísimo señor don José María de Beránger, ministro de Marina en agosto de 1892.
* La Nao Santa María en 1892 por la aleta de babor.
* La Nao Santa María en 1892 de través.
* Fiesta naval celebrada fuera de la barra de Sáltes el 3 de agosto de 1892.
* Planos.

Excelentísimo señor don JOSÉ M. DE BERANGER
Excelentísimo señor don JOSÉ M. DE BERÁNGER ministro de Marina en agosto de 1892
Las Carabelas de Colón

Tantos, tan variados y tan erróneos a veces han sido los conceptos en la mayoría de los que se han ocupado de Cristóbal Colón y de su famoso descubrimiento, respecto a las naos y carabelas en el siglo XV usadas, que más bien que ilustrar han extraviado la opinión, no ya solamente entre la masa indocta sino entre gentes que pasa por instruidas, produciendo confusión inextricable. Algunos modernos escritores han procurado, sin embargo, indicar camino racional a las ideas y llegar por medio de la inducción y la deducción de documentos auténticos, a unos tipos de embarcaciones por lo menos verosímiles, porque no parecen tales las que los antiguos fantasistas describieron.

Figura en primer término entre estos autores, el capitán de navío de Académico de la Historia don Cesáreo Fernández Duro, que ya por los años 1875 y 76 hizo estudio especial del asunto publicándolo en el Museo Español de Antigüedades y en las Disquisiciones náuticas. Siguióle el inteligente restaurador del Museo naval don Rafael Monleón, tratándolo en su curiosísima obra de Arquitectura naval (todavía inédita), y dibujando, con planos aclaratorios, tipos de aquella edad, así como también de las anteriores y las sucesivas; pero estos trabajos no lograron notoriedad, por su índole poco simpática a la generalidad de los lectores.

Al aproximarse el centenario cuarto de la invención del Nuevo Mundo, con la idea sin contradicción aceptada, de solemnizar tan grande acontecimiento, despertóse la curiosidad ansiando conocer de una manera cierta, no tan solo el génesis de la idea y las circunstancias de su realización, sino los pormenores todos; las figuras que intervinieron, sus caracteres, costumbres, recursos y medios, a tiempo que finaba la ruda edad media iniciándose la moderna con los altares de un renacimiento en todas las manifestaciones de las artes. Ofrecióse naturalmente a la inteligencia entre tantos incentivos de investigación, el de los bajeles con que quedó rota la barrera temerosa del Océano, vehículos en que el insigne almirante y la gente española llevaban la Cruz civilizadora y habían de traer el conocimiento de un Hemisferio ya ligado al viejo; vehículos por muchos considerados malas barcas desprovistas de cubierta; por no pocos estimados como Fustas incapaces casi de navegar, y por los más y más entendidos, embarcaciones pequeñas y toscas de estrafalaria forma, lanzadas a merced de las olas con insuficientes medios de propulsión y de gobierno.

Por todas partes se significó la conveniencia de aclarar preferentemente este punto escudriñando cuál fuera el porte y condición de aquellas naves, más que la de Jasón famosa, por la empresa magna. En Alemania, en Italia, en Portugal, en América, buscaron la resolución del problema eruditos marinos y avezados arqueólogos;[1] aquí la proseguían los mencionados señores Fernández Duro y Monleón, descubriendo el primero nuevos y curiosos documentos ocultos en los archivos; interpretando el segundo con el lápiz las fórmulas dudosas, y sometiendo a pública decisión los resultados en la Revista general de Marina.[2]

Así las cosas, pensó el Gobierno de S. M. que a España, por sus gloriosas tradiciones y por la incomparable hazaña con su bandera realizada, más que a otra nación correspondía satisfacer el deseo de todas, contribuyendo el Ministerio de Marina a la solemne fiesta universal del Centenario con la reconstitución de una nao del siglo XV, que tan fiel y exactamente cuanto quepa, remede a la inolvidable Santa María, capitana del atrevido navegante e insigne descubridor del Nuevo Mundo; ejemplar tangible de la arquitectura náutica de su tiempo y muestra de los elementos que al espíritu de nuestros pasados sirvieron para explorar y dar a conocer la figura juntamente con las dimensiones del orbe.

1 En los Estados Unidos de América el capitán Fox; en Italia el capitán E. A. D'Albertis; en Portugal el teniente López de Mendoza; en Austria el Director de la Escuela naval de Lusimpíccolo señor Gelcich, han hecho interesantes estudios.

2 Dos opúsculos acompañados de importantes ilustraciones, publicó el señor Monleón después de aparecer en la mencionada revista en mayo y en noviembre de 1891. Posteriormente condensó estos trabajos en la revista titulada El Centenario.

Creó al efecto el referido Ministerio, de orden de S. M., una Junta presidida por el general de ingenieros de la Armada don Casimiro Bona y compuesta del capitán de navío don Cesáreo Fernández Duro, del artista don Rafael Monleón, anteriormente mencionados, actuando como secretario el capitán de fragata don Emilio Ruiz del Árbol, que lo era de la Secretaría militar del mismo Ministerio, y por garantía de acierto en cuestiones ajenas al tecnicismo, pidió a la Academia de la Historia el concurso de dos de sus miembros en el estudio, siendo designados los señores don Aureliano Fernández-Guerra y don Juan de Dios de la Rada y Delgado.

A esta Junta presentó el señor Monleón como ponente, los planos, modelos y memoria[3] que por preliminares había formado y que en principio se aceptaron sin perjuicio de discutir las cuestiones oscuras o difíciles, de las cuales el señor general presidente formuló interrogatorio. En sucesivas sesiones se fueron determinando las dimensiones principales del vaso y su relación íntima, con arreglo a las prácticas y proporciones de que existe noticia escrita; el porte o tonelaje, el carácter de las líneas determinantes, el repartimiento interior, hasta el mueblaje que debería llevar, y tomando a su cargo el señor Bona los cálculos de estabilidad, con los demás de construcción, arboladura y superficie de velamen, por escrupulosidad hubo de repetirlos y rehacer los reformados supliendo con su inteligencia y por tanteos trabajosos la falta de datos seguros.

El señor ministro de Marina acogió benévolamente la memoria razonada y planos de la Junta, dándose por satisfecho de sus trabajos; ordenó separadamente los de formación de

3 Titúlase Restauración hipotética de las carabelas de Cristóbal Colón por don Rafael Monleón. Madrid. Imprenta de Infantería de Marina, 1891, 8.º, 22 págs. Siendo destinada al estudio de la Junta se tiraron pocos ejemplares.

presupuesto de obras en el concepto de facilitar los arsenales del Estado el material que no tuviera aplicación directa a los buques de moderna construcción y de que la Junta directiva del Centenario facilitaría los fondos indispensables para el pago de otros accesorios y pertrechos que no hubiera en almacén. Formulando el plan completo en proyecto de ley, obtuvo aprobación de los cuerpos colegisladores.

El plazo apremiaba porque iba consumiéndose en estos trámites el mes de abril y aunque para lo esencial bastaran las investigaciones hechas por la referida y ya disuelta Junta, muchos puntos difíciles de llevar a la práctica se ofrecían, necesitándose a la vez dirección facultativa, inspección artística y consulta arqueológica que coadyuvaran a la obra material de reconstitución.

A este efecto fue creada en Real orden que expidió el dicho ministro de Marina, excelentísimo señor don José María de Beránger el 21 del mismo mes, una Comisión ejecutiva, encomendándola la realización del proyecto, en unión de un ingeniero naval, con atribuciones bastantes para aclarar y resolver desde luego cuantas dudas o dificultades ocurrieran, así como también para invertir la cantidad entregada por la Junta directiva del Centenario con la justificación reglamentaria. Compusiéronla, el capitán de navío don Cesáreo Fernández Duro, presidente, el teniente de navío de 1.ª clase y oficial de Secretaría del Ministerio don Francisco Cardona, el restaurador del Museo naval don Rafael Monleón y el contador de navío don Francisco Gómez Súnico, secretario, y designóse al ingeniero jefe de 2.ª clase don Leopoldo Puente para dirigir la construcción.

La quilla de la nao Santa María se asentó en grada del Arsenal de la Carraca el 23 de abril.

Salvados los tropiezos que eran de presumir, por el señor Cardona, que desde el comienzo de las obras representaba en el departamento de Cádiz a la Comisión ejecutiva con suma discreción, apoyado en la buena voluntad de las autoridades superiores, impulsó los trabajos con rapidez y acierto. El señor Puente identificándose con la idea, comprendiendo perfectamente la índole de la fábrica especial que se aparta de los estilos modernos, con elevado criterio ha sabido armonizar las exigencias profesionales con la necesidad de dar a la construcción el carácter de las de tiempos remotos, poniendo al servicio de las prácticas añejas los adelantos novísimos de la ciencia. Tal ha sido su actividad; tales el entusiasmo y buen ánimo de los maestros y obreros a sus órdenes en los diferentes talleres del Arsenal, que el 26 de junio, a los sesenta y tres días de funcionar las hachas, el casco de la nueva Santa María se deslizaba sobre las anguilas de la grada hundiendo la popa en las saladas ondas y flotando gallardamente, saludada por la concurrencia, con un calado medio de 1 metro 47 que era justamente el calculado.

Faltaba arborlarla y aparejarla; atender exterior e interiormente al decorado, armarla con la artillería; concluir el detalle, para lo que simultáneamente se afanaban los operarios en los obradores; allá labrando tablas, acá barnizando muebles, aparte cosiendo velas, pintando escudos, acicalando lanzas, con inusitada amalgama de picapedreros que hacían balas de mármol, de herreros forjando el fanal de popa, insignia antigua de almirante; de imagineros sacando del roble ojivas, de ajustadores puliendo y graduando astrolabio y ballestilla, y a todo acudían los señores repetidos, Puente, Cardona y Monleón, mientras no llegó el momento satisfactorio de ver a la nave airosa embanderada en la bahía de Cádiz, presta para ir a Palos y dar la vela en el momento de cumplirse el aniversario centésimo cuarto en que la verdadera Santa María lo hizo.

Es la nueva construcción, según va dicho, reproducción en cuanto cabe después de cuatro siglos de intervalo, de la nao que gobernaba Cristóbal Colón en el primer viaje a las ignotas tierras de Occidente, situadas en el camino de Catay y Cipango, que él buscaba. Las diferencias que en la moderna puedan observarse; las variantes que por necesidad se han introducido sin afectar voluntariamente al carácter esencial arqueológico se explican: primero, por las prácticas en la obra de mano, por el empleo de los instrumentos del trabajo, por los procedimientos de la industria, tan distintos ahora a los de la Edad Media, y en segundo término, porque la rapidez de los trabajos, forzándola lo apremiante del plazo en que se han ejecutado, no han consentido la inspección minuciosa ni el cuidado en menudencias de que no se tiene noticia segura.

Mide la nueva Santa María[4] de eslora 22,60 metros; de manga 7,80; de puntal en la maestra 4,10; en la toldilla 8,20; en el castillo 4,90.

Pesa 127,57 toneladas.

Economizando en cuanto sea posible la nomenclatura profesional, puede decirse que es el casco corto, ancho y muy alto, comparado con los que actualmente navegan. Es muy lleno de fondos, con escasas salidas de agua, las curvas convexas y completamente plano por debajo. Las extremidades tienen considerable lanzamiento, siendo bastante henchidas con el fin de desplazar mucho y soportar el enorme peso de los castillos; en los costados hay algún pantoque; la borda es alterosa. Anchas cintas y cintones corren de popa a proa ligando los miembros y otros refuerzos exteriores llamados bulárcamas los consolidan en sentido vertical. La proa es lle-

4 En tiempo de Colón y mucho después se contaba en construcción naval por codos, equivaliendo la unidad a 2 pies castellanos o dos tercias de la vara de Burgos, como después se dijo. Siendo ésta en relación oficial con el metro equivalente a 0,m 8,359, para la práctica puede estimarse 1 codo == 0,56.

na y redondeada; la popa completamente plana y de escudo, como antes se decía, con ancha abertura nombrada lemera por encima del yugo principal, por donde entra la caña del timón. Otras dos aberturas circulares más reducidas, correspondientes a las de la proa (escobenes), sirven para dar paso a las armarras de codera. El timón, de pala ancha, por ser poca la salida de aguas del barco según va dicho, y muy reforzado en todas sus partes, funciona con la caña horizontal desde la batería, debajo de la tolda.

No tiene la Santa María más que una cubierta; entre ésta y la bodega va una serie de baos al aire, sobre los que en caso necesario a la comodidad o a la carga se sientan tablones formando falso sollado. A proa está formado el pañol de pertrechos; a popa la despensa. En la cubierta dan acceso a la bodega dos grandes escotillas y dos escotillones a los pañoles. Por encima de la cubierta, desde el centro del barco a popa, corre otra llamada tolda con escotilla y escala de comunicación entre ambas. Sobre la tolda se levanta la chupeta o chopa, alojamiento del comandante, y su cubierta se nombra toldilla.

Debajo de la tolda queda la cubierta bastante desahogada y en su espacio resguardado de la intemperie se acomodaban para dormir los oficiales y marineros, aunque éstos aprovechaban el abrigo del castillo de proa, que avanza mucho, pareciendo como suspendido sobre el mar.

Constituyen el aparejo propulsor tres árboles, mástiles o palos verticales, mayor, trinquete y mesana, con velas redondas o de cruz en los dos primeros, a saber: papahigo o treo con dos bonetas y gavia en el mayor; trinquete solo en el de su nombre. El de popa tiene mesana latina, y además, en el bauprés, otro palo inclinado sobre la proa, se orienta la cebadera. Todas estas velas están guarnecidas a la manera con que antiguamente se manejaban, lo mismo que los mástiles y entenas o vergas.

Entre los primeros se asegura el mayor con ocho obenques por banda, dos coronas y brandales y dos estays, mayor y de galope. El trinquete no necesita más de dos aparejos de estrellera por banda y el estay, lo mismo que el mesana, así que no tienen mesa de guarnición como el mayor, ni bigotas, ni acolladores,[5] por ser éste el mástil de desempeño y de gobierno los otros.

En las vergas se ha copiado asimismo el guarnimento; drizas dobles; amantillos cuadruplicados, con motones; brazolotes y brazas, troza y racamento. Las velas no tienen rizos; se aumenta la superficie del papahigo con fajas nombradas bonetas que se cosen a la relinga inferior por medio de bazadas, pasándolas por los ollaos u ojetes abiertos en una y otra lona y señalados de diez en diez con una letra para no dudar en la correspondencia, siendo estas letras tradiciones A. M. G. padres que quieren decir piadosamente Ave María Gratia Plena.[6]

La mesana se maneja con ostas en la pena, borriquetes en el car y caza escota que sale fuera de la popa; la cebadera corre a lo largo del botalón y se orienta como las velas cuadras con brazas y escotas.

Sería ocioso explicar el laboreo de los cabos que fácilmente concebirán los marinos; conviene sí consignar que el aparejo de La Santa María está inventariado por el mismo Colón al escribir en su Diario:[7] «tornó a ventar muy amoroso e

5 Las mesas de guarnición lo mismo que sus cadenotes son reforzadas; las bigotas tenían figura de almendra, pero por falta de tiempo se han aprovechado ahora unas circulares que estaban hechas, estimando de escasa significación la diferencia.

6 A la operación se decía empalomar (empalmar) la boneta.

7 El miércoles 24 de octubre de 1492.

yo llevaba todas mis velas de la nao, mayor con dos bonetas, trinquete y vela de gavia y cebadera, y el batel por popa».

Ancla

La nao nueva dispone, como aquélla, de dos embarcaciones: la primera el batel, lancha grande, que rara vez se metía a bordo por tener de eslora la longitud que medía la afrizada del castillo y la fuga de la tolda, es decir, unos quince codos, con siete bancos para remos pareles. Calculábase que podía cargar su nao en cincuenta barcadas. La segunda embarcación o chalupa, lancha mejor que bote, de popa ancha y llana, con cinco bancos para remos pareles, se metía dentro de la nao al salir de puerto.[8]

Además empachaban la cubierta, el fogón donde se guisaba con leña; barriles con agua potable, las lombardas, la madera de respeto y los pertrechos necesarios a mano.

Aunque las antiguas naves se amarraban con cuatro anclas pequeñas de ocho a doce quintales, habiéndose encontrado enterradas en el arsenal de la Carraca dos, forjadas cuando menos al fin de siglo XVI y de forma igual a las del tiempo de Colón,[9] no ha tenido dificultad la Comisión en utilizarlas, aunque excedan en las dimensiones y peso proporcional, dejándolas en el estado en que parecieron; es decir, conservando el sello de su antigüedad, si bien poniendo nuevos los cepos de madera que faltaban; solamente se ha construido de nuevo, con arreglo a los dibujos y reglas de la época, la fornaresa o ancla de la esperanza.

8 Al hacer la maniobra decían los marineros proverbialmente, «chalupa dentro, amigo fuera».

9 Abona el parecido el ancla partida recientemente hallada en la isla de Santo Domingo, cerca del fuerte de Navidad, en el sitio en que la verdadera Santa María naufragó, siendo por tanto admisible que fuera suya.

Como armamento ostenta la capitana dos lombardas de recámara cerrada, en la batería, debajo de la tolda, y seis falconetes en las regalas altas de los castillos. Estas piezas se han construido en los talleres de artillería del arsenal de la Carraca, bajo la dirección del teniente coronel don Manuel Ramos Izquierdo, por el mismo procedimiento empleado en el siglo XV que en otro lugar de esta memoria se explica, resultando con tal perfección, que a tener la patina de los años, se confundirán con las antiguas. Tiran pelotas de piedra de dos libras de peso; están montadas en cureñas marinas, cuyos modelos corpóreos, así como los de las lombardas y falconetes hizo el señor Monleón siguiendo los datos aludidos.

Bandera que lleva la Nao.

Para idea de las armas portátiles se han dispuesto en la Cámara y en la batería panoplias compuestas de corazas, capacetes, espadas, lanzas, picas, hachas de armas y de abordaje, adargas, ballestas, bolsas con virotes, obras de balas, frascos de pólvora y espingardas. No hay constancia del número de cada una, mas sí de que de todas ellas iban provistos los tripulantes de las naves de Colón, y no habían de carecer de la garantía que por entonces constituían, los caballeros y escuderos de la expedición. Los trajes están bosquejados en dos acuarelas, obra del señor Monleón, que ha tenido a la vista no solamente tipos de pilotos, grumetes y otros hombres de mar, sino también de la gente de armas de las mesnadas y acostamientos con sus bizarros arreos.[10]

En punto al decorado de bajel débese también advertir que alguna alteración se ha introducido teniendo en cuenta la ocasión fastuosa en que hace papel La Santa María. Eran los mareantes de su siglo, en general, parcos en los accesorios de adorno y pintura. Preservaban las maderas de resalte tales como cintas, boceles, bulárcanas, con barniz de brea o grasa de ballena; las partes de menos roce embijaban con almazarrón (ocre rojo), negro humo u otro color natural poco definido. Los fondos se ensebaban, reponiendo con frecuencia la capa, para lo cual ponían a monte los vasos; es decir, los varaban en cualquiera playa a propósito.[11]

La Comisión ejecutiva, no obstante, ha estimado oportuno decorar la popa con adornos de la época, de poco realce, formando doselete donde se resguarda la imagen de la Virgen nuestra Señora, como era costumbre poner en las naves de cierta importancia o que se construían con fin determinado desde los tiempos de don Alfonso el sabio,[12] y para el engalanado ha preferido a la pavesada sencilla de lienzo rojo y blanco, la de los paveses pintados con las armas y blasones de Castilla, León, Aragón y Sicilia, más propios y usados en los navíos de guerra. Campean también estos blasones en las banderolas de la regala, además de la Cruz Verde, enseña la empresa del descubrimiento, en el palo trinquete, domi-

10 Las acuarelas de figurines, puestas en cuadros, van en la nao al lado de las panoplias.

11 Por dos veces lo hizo Colón con las carabelas en el primer viaje: una en el puerto de Mares de la Isla de Cuba, que él nombró Juana y otra en la Isla Española, donde mandó calafatear las costuras para el regreso. Véanse en su Diario, los días 5 y 6 de noviembre de 1492 y los 7 y 14 de enero de 1493.

12 Véase el Códice de las Cantigas.

nando a todas, en el tope mayor el estandarte de Castilla cuartelado de rojo y blanco con castillos de oro y leones de gules. Ondea aún en la arboladura el escudo de los monarcas católicos cobijado por el águila del Evangelista San Juan, tal cual se conserva en el monasterio de San Juan de los Reyes en Toledo, así como en las monedas de oro llamadas excelentes, y en la entena de mesana la gran flámula tradicional de las armadas de Castilla.[13]

Expuesto queda que no había en la nao más alojamiento cerrado que la chupeta: de presumir es, dada la elevación del cargo que Colón tenía, que allí se albergara él solo. La ha dotado por tanto la Comisión de los muebles estrictamente necesarios, teniendo a la vista las indicaciones de su Diario. Cama con traspontín y arambel encarnado; armario donde guardar ropa, planos y libros; un sitial, dos sillas y una mesa donde pudieran comer dos personas: todos estos objetos son del gusto gótico dominante entonces. Se completa el mueblaje y adorno con una imagen de la Virgen, Maris Stella, de que eran devotos los mareantes, y ante la que cantaban la Salve todos los sábados.

La bitácora, el cuadrante, la ballestilla se han construido cuidadosamente por modelos de la época, como asimismo el farol insignia de popa, en su totalidad de hierro forjado.[14] Con la misma fidelidad se ha procurado reproducir el guión, emblema del poder real conferido a Colón como almirante, simulacro preciado que tuvo en la mano al pisar la tierra descubierta y tomar su posesión. Este pendón se colocaba a

13 Además de estas banderas, lleva la nao en la cofa un gallardete rojo con las armas completas de España, las de los reyes Católicos con el lema «Tanto monta» y un crucifijo todo pintado, según era práctica constante, y en el tope del trinquete otro gallardete blanco con la cruz verde de la Empresa. Todas están representadas en la viñeta ut supra.

14 Véanse los planos que representan estos objetos.

bordo en los momentos solemnes a estribor, o sea a la derecha, saliendo, de la puerta de la cámara; seguía al almirante en funciones de mando, llevándolo un alférez, y era insignia ante la cual todas las otras se abatían. Empuñábanle los propietarios en momentos supremos de peligro o de victoria. Según los ejemplares existentes en la Armería Real, es de damasco carmesí, bordado y recamado de oro, mostrando en una cara la imagen de Jesús crucificado y la de la Virgen María en la otra. Adórnanlo cordones y borlas de seda y oro.

De la carta de Juan de la Cosa.

Mil otros detalles curiosos, la figura de los motones, la situación de los guindastes, la disposición en que se guardaban la pólvora, balas, víveres, agua, ha sido preciso estudiar y merecerían indicaciones si con ella no se alargara demasiado esta reseña. Basta saber que si todo no se ha trasuntado con escrupulosidad absoluta; si alguna cosa no corresponde exactamente en forma y posición a la que quiere representar, débese a que no siempre es realizable el deseo, máxime habiendo de luchar con escasez de tiempo, con falta de ciertos materiales y con ausencia de enseñanzas. No ha sido pequeña la dificultad de convencer al obrero de que había de entregar tosca la obra encomendada a sus manos.

Resulta pues la nueva nao, algo más cargada de madera, más sólida y con más esmero de ejecución, sin duda, que la original, pues aun siendo ésta de las mejores de su tiempo, no tendría de seguro, forradas las bandas, sino los barraganetes al descubierto como lo están las cuadernas en el interior; las bordas o amuradas habían de ser más bajas, particularmente en los castillos; las regalas, sencillas, sin tapas verticales; los cintones en cambio más robustos y salientes, y con clavos defensivos de gruesas cabezas. La jarcia, aunque de buen cáñamo de Calatayud no era tampoco tan torcida, ni los palos tan tersos, en una palabra; si bien entendido y apropiado a las necesidades y conocimientos de relación de la época, era todo en el siglo XV más rudo, menos perfilado, como productos de combinaciones inimitables.

Para justificación de los acuerdos y decisiones de la Junta consultiva que primeramente procuró interpretar el pensamiento del Gobierno de S. M., y de los actos de la Comisión ejecutiva que después se ha afanado por realizarlo, se hace relación siquiera concisa, de documentos que han servido de guía a los estudios hasta encontrar fundamento a las resoluciones.

De la primera carta de la Isla Española atribuida a don Fernando Colón.

Componen la primera serie las cartas de marear españolas, anteriores y posteriores a Colón (de que hay buen número), en las cuales están diseñados por mano pericial, los navíos, las banderas, los escudos, rosas náuticas y otros instrumentos. Entre ellas las hay de excepcional testimonio; ejemplo la de Juan de la Cosa, maestre y piloto de Colón en los dos primeros viajes y justamente propietario de la genuina nao Santa María.

Trazó esta carta o mapamundi en el Puerto de Santa María el año 1500; ahora se custodia en el Museo naval por monumento geográfico. Al delinear por vez primera la costa de la Tierra firme, pintó sobre ellas dos naos fondeadas con el estandarte de Castilla en el palo mayor, plantándolo asimismo en los diversos puntos de la costa e islas de que se habían tomado posesión. Sobre la costa de África dibujó otras naos y carabelas con la bandera de Portugal, distinguiéndose a primera vista las condiciones y forma de las redondas y las latinas.

Otra carta, la primera también que se hizo de la Isla Española, posee la biblioteca colombina de Sevilla. Abrígase allí la creencia de que sea obra del grande almirante, pero es más probable que la delineara su hijo don Fernando Colón, al cual perteneció. Como quiera que sea, muestra pintadas en dos lugares distintos tres naves navegando en conserva; dos de ellas con aparejo redondo y la tercera latino. Si no quieren representar o copiar las famosas embarcaciones que hicieron el descubrimiento, como parece presumible, hay seguridad al menos de que muestran los tipos de la época y se nota completa conformidad esencial entre ellas y las de Juan de la Cosa.

Libre de cõsolat tractãt
dels fets maritims ꝛc.

Del libro del consulado, tratado de los hechos marítimos, etc. (Barcelona, 1502).

La epístola en que noticiaba Colón a Gabriel Sánchez el hallazgo de las islas oceánicas, se imprimió en Roma en 1493 con grabados de naves un tanto convencionales, mas no despreciables bajo muchos puntos de vista. Como ellas hay bastantes en libros del tiempo, y las tienen más estimadas dos relativos al arte de navegar impresos en el siglo XVI, siendo preferentemente de citar los Regimientos del maestro Pedro de Medina, estampados en Sevilla, y el Consulado de mar, dado a luz en Barcelona en 1502. De este género de grabados y dibujos ha reunido el señor Fernández Duro varios, en colección especial náutica muy rara y útil, porque con la comparación de los diseños, con la evidencia de pormenores, acaso desproporcionados en ocasiones, pero que por lo mismo acusan la certeza, como de objetos que despertaron poderosamente la atención de los artistas copiantes, llega a conocerse la imagen completa, tomando de los unos la forma perfectamente acusada de los castillos en popa y proa, en otros las bularcamas, los cintones, los boceles; en tal las mesas de guarnición; y las bigotas en cual la lemera del timón y sus herrajes; en éste las gatas o cofas con minuciosidad de palos y vergas; en aquél la maniobra de las velas, con sus bonetas; por fin, cualquier pormenor que bien se busca; trajes, paveses, anclas, estandartes, flámulas con sus cordones y borlas vistosas.

De grabados del siglo XV

De grabados del siglo XV

Todavía mejor se aprecian determinados detalles en la pintura y en la escultura siendo de enumerar entre las obras que la Comisión ha visto, un cuadro existente en la sacristía de la iglesia de Zumaya, porque representa combate naval entre naos castellanas y portuguesas firmado, el año 1495, y los bellísimos relieves de la parroquia de San Nicolás de Burgos, en que con delicadeza incomparable se han esculpido naos azotadas por la tempestad, partidas las jarcias, deshechas las velas, atribulada la gente en espera de inmediato siniestro.[15]

15 Al pie del retablo, obra maravillosa de piedra, hay inscripción sepulcral en que se lee que el noble caballero Gonzalo López Polanco, a cuya costa se hizo, falleció el año MDIII. Corresponde pues de lleno a la época de La Santa María.

De la carta dibujada por Gracioso Benincasa (Ancoma 1482).

Tan detenido como el examen gráfico ha sido el de los primitivos tratados y disciplinas de fábrica de naos en que se manifiestan las proporciones del vaso y de la arboladura, labra de los miembros, su enlace, materiales, clavazón, dando lugar preferente a las obras de Diego García de Palacio y de Juan Escalante de Mendoza entre todas las publicadas o inéditas que ha dado a conocer el señor Fernández Duro en sus Disquisiciones náuticas.

Lo concerniente a pertrechos, armamento y efectos varios han esclarecido relaciones de viajes regios y de jornadas militares, reunidas por el mismo académico, en junto con inventarios en que se expresa el parte de naos, su artillería, tripulación sueldos, raciones, ordenanzas, deberes y atribuciones.

De grabados del siglo XV.

Parte del cuadro existente en la iglesia de San Pedro de la Villa de Zumaya, que representa un combate naval, pintado en 1495.

Falta no obstante lo principal, lo que ni la diligencia ni la voluntad conseguirán de modo alguno. En las ruinas de los edificios de remota fecha queda siempre algo que ayuda a formar idea de la fábrica; quedan cuando menos materiales dispersos con marca de la mano que les dio forma: de los bajeles, siendo cuanto les constituye perecedero ha desaparecido con la materia la noción de sus preparaciones. Así entre los ramos de la Arqueología es el más oscuro y dificultoso el referente a la náutica.

Alto-relieve de una retablo dedicado a San Nicolás (patrón de los marineros) existente en la iglesia del mismo santo en Burgos y labrado desde 1480 a 1503.

Alto-relieve de una retablo dedicado a San Nicolás (patrón de los marineros) existente en la iglesia del mismo santo en Burgos y labrado desde 1480 a 1503.

Si considerado todo, no presume la Comisión haber alcanzado el éxito que anhelaba, puede dar fe del buen deseo con que los individuos componentes han tratado de reconstruir un tipo aproximado al de la nao gloriosa que enlazó las dos mitades del universo mundo. Por muestra de los escudriñado se acompañan algunos de los estudios especiales del señor Fernández Duro, y de las interpretaciones, difíciles con que el lápiz del señor Monleón ha reanimado el espíritu de artistas de otras edades, y para demostración de la escrupulosidad con que la Comisión ha procedido en la adquisición de datos y noticias pertinentes a su objeto, véanse aquí el interrogatorio completísimo que formuló el excelentísimo señor presidente de la Junta Arqueológica, y las respuestas dadas por el Vocal y ponente de la misma señores Fernández Duro y Monleón, que fueron por todos los demás señores aprobadas.

Interrogatorio formulado por el excelentísimo señor don Casimiro Bona, Inspector general de Ingenieros de la Armada antes de proceder a los cálculos de la nao «Santa María.»

Casco

1. Dimensiones principales; eslora, manga, puntal, calados y desplazamiento o arqueo de la nave.

2. Formas de las extremidades y parte central.

3. Portas, portillas de luz, escotillas y sus brazolas.

4. Alojamientos y detalles de la distribución interior.

5. Dimensiones y formas de la quilla, el codaste, la roda y los dormidos.

6. Especie de cuadernas que formaban el costillaje; si sencillas o dobles; la clara entre ellas y cómo era el macizado de los fondos.

7. Distribución de las tracas del forro exterior, y cómo estaban dispuestas las costuras de dicho forro.

8. Cómo estaba dispuesto el forro interior o si solo constaba de palmejares.

9. Disposición de la cubierta y del plano, baos, durmientes, trancaniles, tapas, entremiches, medios baos, etc. Cómo estaba todo esto dispuesto y cuáles eran las dimensiones de estas piezas.

10. Gruesos a las líneas y grúa o anchos de las ligazones; altura de bragada de las cuadernas, si llevaba sobrequilla y cuáles eran sus dimensiones.

11. Espesores de los forros, y si llevaba cintas, cuál era su grueso.

12. Si llevaba bulárcamas o sobreplanes exteriores e interiores, cómo iban dispuestos y cuáles eran sus dimensiones.

13. Dimensiones del forro o entablado de las cubiertas, y si las costuras de estas tenían curvatura horizontal, esto es, si eran de doble curvatura o si eran, como ahora, curvas planas paralelas al plano diametral del buque.

14. Disposición y menas de la clavazón de los forros exterior e interior, y de las cubiertas.

15. Si llevaba batayolas o solo tapas de regala cubriendo las cabezas de los barraganetes.

16. Si llevaba guindastes, propaos, cornamusas y cabilleros para la maniobra, y cómo estaban dispuestos.

17. Si llevaba molinete para la maniobra de las anclas y si éstas se levaban con vivador y mojeles.

18. Si llevaba escobenes, gateras y bitas para los cables y algo que sustituyese a las mordazas y estopores actuales, así como a los disparadores para dar fondo.

19. Si las anclas tenían los arganeos, caña, brazos, uñas y cepos como las ordinarias de ahora.

20. Si llevaba algo que sustituyera a la serviola, y el pescante de gatilla y a los aparejos de gata y gatilla.

21. De qué manera se varaban y abozaban las anclas durante la navegación.

22. Cómo estaba dispuesto el lastre y en qué consistía.

23. Qué clase de artillería montaba, cuáles eran las formas, dimensiones y calibres de las piezas y cómo estaban montadas.

24. Si los cañones iban en portas; si se usaban portillas para dar luz y ventilación a los alojamientos y si estaban éstas provistas de arandelas.

25. Cómo estaba dispuesta la aguja de rumbo y si llevaban ballestillas para las observaciones astronómicas.

26. Qué forma tenían el timón y su caña; si ésta se manejaba directamente a mano o por medio de guardines y cómo laboreaban éstos.

27. Si llevaba beques, de qué forma eran éstos y cómo iban instalados.

28. De qué medios de achique disponían para el caso de una vía de agua.

29. Si llevaba portalón en la amurada y escala o tojinos para subir a la cubierta alta.

30. Qué clase de embarcaciones menores llevaba; cuáles eran sus dimensiones y si iban colgadas en pescantes o montadas sobre calzos en la cubierta.

31. Si llevaba mesas de guarnición para las jarcias firmes, brazales y curvas-bandas en el tajamar y pescantes para las amuras de la mayor trinqueta.

32. Qué clase de muebles y utensilios llevaba, tales como fogón, literas, colchonetas, coys, sillas, bancos cajonados, envases para víveres, aguada, etc.

33. Cómo eran los proyectiles; cómo estaban dispuestas las cargas y de qué modo se hallaban estivadas a bordo.

34. De qué número de hombres constaba la dotación y para cuánto tiempo llevaban víveres y aguada.

Aparejo

1. Cuántos palos llevaba y si éstos tenían o no caída hacia popa o hacia proa.

2. Si los palos eran enterizos y si en las fogonaduras llevaban capas para impedir el paso del agua al interior del buque.

3. Si llevaban masteleros para las velas altas o simplemente galopes o prolongaciones de los palos por encima de las encapilladuras de las jarcias firmes.

4. Cómo estaban encapilladas estas jarcias y si se empleaban bigotas y acolladores para tesar la obencadura.

5. Si las tablas de jarcia llevaban flechastes y si los obenques llevaban sotrozos y jaretas para su estrangulación cerca de la encapilladura.

6. Si los palos llevaban cacholas y baos y crucetas o cómo estaba dispuesta esta parte de la arboladura.

7. Si para sujeción transversal de los masteleros se usaban obenquillos y si para poder tesar éstos sin alabeo de las cofas o crucetas se usaban arraigadas cosidas en sus extremidades inferiores a los sotrozos de las jarcias firmes.

8. Si llevaban burdas, bradales, volantes y estays.

9. Qué clase de aparejo usaban en cada palo y cómo estaba guarnido.

10. Si las vergas de las redondas llevaban cajeras en los penoles para los escotines de las velas inmediatamente superiores a ellas.

11. Qué forma era la de estas vergas y cómo iban suspendidas y sujetas a los palos; esto es, si llevaban drizas con aparejos, coronas, estrobos y trozas.

12. Si llevaban los amantillos dispuestos de una manera análoga a los de ahora.

13. Si las entenas de las latinas llevaban ostas volantes encapilladas a la pena y si el car se maniobraba por los mismos medios que ahora se usan.

14. Si llevaba verga de cebadera y de sobrecebadera o cebadera sola y si ésta iba de firme o con arritranco o raca que la permitiera correr a lo largo del bauprés o del botalón.

15. Si el botalón llevaba foque.

16. Si las velas cuadras llevaban bolinas y amuras y escotas como actualmente y si la forma era rectangular o trapecial.

17. Si estas velas llevaban vainas o fajas y relingas en el grátil y las caídas.

18. Si llevaban los envergues y las fajas de rizos dispuestas como ahora se usan o si llevaban bonetas.

19. Si los rizos estaban pasados por ollaos o en otra forma.

20. Si las empuñiduras iban firmes a garruchos cosidos a las relingas, y si sus vueltas se apoyaban sobre tojinos en las vergas.

21. Si se usaban fajas de rizos.

22. Si se usaban palanquines y chafaldetes para cargar las velas cuadras y cargaderas para las otras.

23. Si se usaban brioles o briolines en las redondas y candalizas en las latinas.

24. Si las velas llevaban los paños dispuestos como ahora, y de qué ancho eran, y si llevaban batideros y sobresanos para prevenir los degüellos de las mismas velas.

25. Cómo iban arboladas las banderas y las insignias.

26. Si en los guarnimientos del aparejo se usaban motones y cuadernales de formas y con gazas semejantes a las actuales, esto es, capuchinos para los escotines; de canasta para palanquines o chafaldetes, etc., etc.

27. Si el colchado de las jarcias firmes y de labor era como el de ahora, y si se entrañaban, precintaban o aforraban las jarcias muertas del mismo modo que ahora se usa.

28. Si las vergas de las redondas llevaban guardamancebos o marchapiés y estribos.

29. Cómo se pasaban las brazas, y si las vergas llevaban brazalotes.

30. Si el bauprés o botalón llevaba trincas, mostachos y vientos.

Respuesta dada por los señores Fernández Duro y Monleón.

Casco

1. Reunidas las escasas referencias que se han encontrado acerca de las naves que condujo Cristóbal Colón y consultadas las obras de construcción naval más inmediatas a su tiempo, se conjetura que las dimensiones de La Santa María debían de ser:

Quilla 34½ codos == 69 pies de burgos de 0m,28 == 19m,92.

Eslora en floración a 9 pies.

Eslora en cubierta 42 codos == 84 pies.

Manga fuera de miembros y forro 13 codos == 26 pies == 7m,34.

Puntal 6 codos == 12 pies == 3m,36.

El puntal se medía desde la cara superior de la sobrequilla a la cara inferior del tablón central de la cubierta.

Lanzamiento de proa, desde la vertical de la cubierta por el canto exterior de la roda, 5½ codos == 11 pies.

De popa, desde el canto exterior del yugo al pie del codaste 2½ codos == 5 pies.

Manga o anchura del yugo y espejo de popa 8 codos == 16 pies.

Rasel de popa alto en el codaste 4½ codos == 9 pies.

Rasel de proa, largo desde el canto inferior externo roda 5 codos == 10 pies.

Calado medio 4½ codos == 9 pies.

Ídem máximo 5 codos == 10 pies.

Ídem mínimo 3 codos == 6 pies.

Ofrece sobre el particular un dato importante el Diario de Colón en su primer viaje, pues dice el 10 de enero de 1493 que La Pinta entró en un río cuya barra tenía dos brazas de agua; es decir, 12 pies. La Santa María era de más calado.

El desplazamiento puede calcularse en 200 a 240 toneladas métricas, porque los más de los autores, singularmente Juan de Escalante afirman que las naves del almirante eran poco mayores de 100 toneles y no llegaban a 200. La indicación, que algunos han creído referente al arqueo, es con más probabilidad la de la carga que podía llevar la nao, y en este concepto suponiendo que no excedería la última de 150 toneles machos o de Cantabria y que esta cifra compusiera las 0,35 partes del desplazamiento total; suponiendo también que el peso del casco con arboladura y aparejo equivaliera a 0,6; que las anclas, pertrechos, víveres y aguada ascendieran a 0,05, sería:

Desplazamiento == 0,35 d + 0,6 d' + 0,5 d» o sea;

Carga 150 + 257,143 + 21,429 == 428,572 toneles, y como el tonel macho equivalía por entonces a 2 pipas de 27½ arrobas, según Escalante, Palacio y Veitia, o sea 632 kilogramos por tonelada, resultan 270,858 kilogramos, que divididos por 1.000 de la tonelada métrica actual, dan un desplazamiento de 271 toneladas aproximadamente.

2. Por los dibujos así como por los tratados de construcción citados se advierte que eran las extremidades llenas, pero de mucho vacío en la popa, formada sobre un dormido cuya forma indica el diseño adjunto. La cuaderna maestra

era muy llana desde la flotación hacia abajo y cerraba un poco de boca. El plan tendría unos 12 pies sin astilla muerta, pues ésta no se inventó hasta el año de 1601, en los tiempos de innovación de don Diego Brochero.

3. No llevaban portas ni portillas de luz más que en la chupeta o cámara alta a popa. Las brazolas de las escotillas eran muy bajas, y éstas se cerraban completamente con cuarteles macizos en malos tiempos.

4. No hay noticia de que hubiera más alojamiento que el de popa, en la chupeta, y de él se dan pormenores en el estudio especial titulado la vida en las carabelas de Colón, que acompaña a esta memoria.

5. Las dimensiones y formas de las piezas de construcción se especifican en pliego separado y se trazan en los planos siguientes.

6. Las cuadernas eran sencillas en las naos de poco porte; la clara próximamente igual al ancho de una de ellas; el macizado se hacía algunas veces con mampostería para que sirviera de lastre fijo.

7. Se expresa la distribución de tracas en el pliego de dimensiones. Las costuras eran sencillas y en muchas naves se cubrían con tapa-juntas de tabla.

8. Hasta el siglo XVII no empezó a ponerse el forro interior: solo se usaban los palmejares.

9. Véase el pliego de dimensiones y planos adjuntos.

10. Ídem, ídem.

11. Ídem, ídem.

12. Llevaban bulárcamas y sobreplanes: véanse los planos y el pliego de dimensiones.

13. No se han encontrado pormenores para contestar con seguridad a esta pregunta: se supone que las costuras fueran en curva por ser el sistema primitivo. Las dimensiones van en el pliego de éstas.

14. Juan de Escalante al tratar de la clavazón recomienda la de hierro de Vizcaya con exclusión de la cabilla de madera que usaban las naciones del Norte, y añade que la de bronce es la mejor, pero la más cara. Por ello, sin duda, se empleaba poco. Debe adoptarse para La Santa María la de hierro más sencilla, teniendo en cuenta que su construcción era ligera y económica.

15. Llevaban tapas de regala muy gruesas formando bordón saliente. En los castillos de popa y proa se formaba un almenado de tabla para defensa de los arqueros o se colgaban los paveses blasonados de los combatientes, de donde vino luego la pavesada.

16. Llevaban guindaste al pie del palo mayor con su correspondiente cabillero y cornamusas para afirmar los cabos de maniobra. En el Museo naval existe un modelo de nave, de autenticidad garantida, con firma del año 1523 y en él se han estudiado estos y otros muchos detalles que no es posible apreciar en los dibujos y que por insignificantes omiten los tratadistas de construcción naval.

17. Llevaban molinete a proa, en el centro o hacia un costado, con objeto de dejar en el opuesto mayor espacio a la colocación del batel. Escalante indica que también se servían en su tiempo de cabrestantes, y en caso preciso levaban con los aparejos reales.

18. Llevaban en la proa dos escobenes grandes forrados de plomo, con reborde al exterior, y dos gateras a popa para paso de las coderas. Como las amarras eran de cables de cáñamo, no necesitaban mordazas ni estopores. Dábase vuelta a los cables en las bitas o bitones y se aseguraban con bozas de piña. Para disparar las anclas no tenían mecanismo especial: servíanse de un cabo sencillo pasado por el argáneo y cuyo chicote se arriaba.

19. Eran las áncoras o anclas muy largas de caña, los brazos delgados, las uñas triangulares, cepo muy grande, de madera con los cantos ochavados, zunchos de hierro, o trincas de cabo. El argáneo circular, muy grande, forrado con meollar o tejido de piola para que no se rozara el cable. Escalante consigna por regla que la nao de 100 toneladas llevaba anclas de 10 quintales y cables de otros 10. También está escrito que llevaban las naos dos o cuatro anclas ordinarias, según su porte; otra mayor llamada fornaresa y adelante esperanza y un anclote de atoar o de espía. Para el batel y chalupa rezones. La fornaresa debía de tener 16 a 18 quintales de peso, el rezón del batel 6 arrobas y 4 el de la chalupa. Las dos anclas ordinarias iban en la proa; la fornaresa dentro, en la escotilla, contra el pie de carnero, a punto de utilizarla en caso de necesidad.

20. No tenían serviolas, pescantes, gatillas, ni nada equivalente para servicio de las anclas.

21. Las echaban arriba con el penol de la verga de trinquete y las aseguraban en la regala.

22. Usaban dos clases de lastre; el uno constante y fijo de gruesa piedra amalgamada con mortero o argamasa, el otro variable para sustituir a la carga, que consistía en arena, canto rodado o grava según se ofrecía a la mano. También se empleaban lingotes de hierro como lastre fijo, pero no era tan común como la piedra.

23 y 24. Véase el estudio especial titulado Armamento de las carabelas de Colón, inserto en esta memoria.

25. Véase igualmente el estudio Instrumentos de que se sirvió Col en sus viajes.

26. El timón era recto, de pala ancha que se estrechaba hacia la parte superior con dos escalones. El grueso era el mismo del codaste en la parte interior en que iban los machos y ensanchaba en la parte exterior, teniendo la sección

horizontal forma de cuña. Véase la relación de dimensiones. Se manejaba por medio de caña que encajaba en la cabeza. Ordinariamente no eran necesarios guardines pero poníanse en caso de mar gruesa o vientos recios. A veces con un sencillo mecanismo se gobernaba desde la tolda. Véanse los detalles de los planos.

27. Llevaban beques en la proa que consistían en una labia agujereada. Véase el estudio La vida en las carabelas.

28. Tenían bombas de madera. Véase el mismo estudio.

29. No se cuidaban tanto de la comodidad como para tener escalas al exterior del buque; como era baja la borda se satisfacían con poner los tojinos necesarios en el costado.

30. Llevaban batel y chalupa. El primero tenía de eslora la medida desde la fuga de la tolda hasta la afrizada del castillo: la capacidad se calculaba de modo que en 50 barcadas pudiera cargar la nao; es decir que a la nave arqueaba 200 toneladas, el batel debía soportar 4. Tenía la proa llena y fuerte y la proa estrecha. Según esta regla, el batel de La Santa María debe tener 30 pies de eslora; 9 de manga: 1½ de puntal; 7 bancos de remos pareles. La chalupa era un tercio menor, la proa fina; la popa ancha y llana a fin de tender o levar con ella las anclas en caso necesario.

31. Las naos del porte de La Santa María solo llevaban mesas de guarnición en el palo mayor, apoyándolas sobre las bulárcamas. El tajamar no tenía brazales ni curvas-bandas ni pescantes de amuras. En las esculturas de la iglesia de San Nicolás de Burgos están perfectamente acusados estos detalles.

32. Véase el estudio especial de La vida en las carabelas.

33. Véase el estudio sobre Armamento.

34. No hay seguridad acerca del número de los tripulantes por discrepancia de los escritores de la época. Parece lo más admisible que llevaron un total de 120 las tres carabelas,

de ellos 90 hombres de mar. En La Santa María irían 60 en todos; 10 empleados y 50 tripulantes. Se ha escrito que llevaban víveres para un año y parece mucho. Colón únicamente escribió en el Diario que salía de Palos muy bastecido de mantenimientos, comprobándolo el hecho de haber alcanzado el bizcocho, con otros artículos, para los viajes de ida y vuelta. Puede conjeturarse que embarcaron víveres para seis meses y agua cuanta cabía en los toneles y pipas. Véase el estudio especial de la tripulación.

Aparejo

1. Demostrado está por diferentes documentos, incluso el Diario del almirante, que las naves de la expedición tenían tres palos principales. El mayor, en candela o ligerísimamente inclinado hacia popa, tenía de altura la longitud de la quilla más el lanzamiento de proa, cuando menos. Era enterizo, muy grueso y estaba reforzado con reatas de codo en codo. A veces era el galope o mastelerillo de otra pieza empalmado por el calces con zunchos de hierro o trincas de cabo. Como único palo de desempeño y marcha (los otros servían principalmente al gobierno) se aseguraba y reforzaba con cuidado. El de La Santa María tendría 2 a 2½ pies de diámetro en la fogonadura y 1 a 1½ en la cabeza, por debajo de la encapilladura.

El trinquete, ligeramente inclinado hacia proa medía próximamente la mitad de la longitud total del mayor y un tercio menos grueso, no llevando galope a veces no bajaba hasta la quilla, teniendo la carlinga en la cubierta principal.

El mesana, algo caído hacia atrás era poco menos que el trinquete, con galope y su carlinga estaba en la tolda.

A más de estos tres palos verticales llevaba la nao bauprés, un quinto menor que el mesana en longitud; muy engallado y agudo en la extremidad.

2. Llevaban capas de lona en las fogonaduras para impedir el paso del agua al interior del buque.

3. Dicho queda que el mastelero formaba cuerpo con el palo ordinariamente y que por ello debe más bien llamarse galope.

4. Eran las encapilladuras de lo más sencillo y tesábanse los obenques con bigotes y acolladores. El modelo del Museo naval y las esculturas de la iglesia de Burgos ofrecen enseñanza de estos particulares así como de todos los de arboladura, aparejo y maniobra de modo que no es necesario discurrirlos.

5. Las tablas de jarcia del palo mayor tenían flechastes; en las de trinquete y mesana no los había porque la sujeción de los palos consistía en aparejos de estrellera.

6. No tenían cacholas los palos; bastábales un resalte en que se apoyaban las encapilladuras. En el mayor había gata o cofa circular en forma de taza, sostenida en doble cruceta o sea cuatro baos o canecillos con los extremos cruzados y apoyados en el resalte de la cabeza del palo, pasando por encima la encapilladura, que quedaba cubierta por la gata. Ésta se formaba con armazón de madera forrada de cuero y pintada; la circunferencia debía ser igual a la boca de la nao, y desde ella se arrojaban en combate dardos, venablos y piedra. En ella se recogía la vela de gavia.

7. Por innecesarios no se usaban obenquillos, ni por tanto arraigadas.

8. Se aseguraba el palo mayor con 6 a 8 obenques gruesos; dos coronas con aparejos, dos burdas para el galope y dos estáys.

9. En el palo mayor se largaba una vela cuadra nombrada treo y también papahigo cuya superficie se aumentaba a voluntad cosiendo por la relinga inferior una o dos bonetas. Encima de esta vela iba la gavia, de forma trapezoidal con

caída central igual a la anchura de su grátil, que era la de la manga del barco y pujamen algo menor que el grátil de la mayor.

En el trinquete iba una vela cuadra equivalente en superficie a la cuarta parte de la mayor con bonetas; la verga medía 1½ veces la manga.

La mesana era latina con superficie equivalente a la mitad de la mayor.

En el bauprés se largaba la cebadera, vela cuadra de superficie equivalente a la mitad del trinquete.

En resumen, se calcula para La Santa María, según los adjuntos planos:

Superficie de la mayor con bonetas		2.496 pies cuadrados.
——	del trinquete	1.225
——	de la mesana	945
——	de la gavia	735
	Total	5.401

Durante los siglos XV y XVI era frecuente pintar en las velas figuras de adorno prefiriendo las de los santos patronos de España y de los navegantes, o las armas y blasones, pero la cruz era lo más común, y se manifiesta en el grabado de las carabelas de Colón que se hizo en Roma el año 1493.

10. No tenían las vergas cajeras en los penoles; los escotines de gavia pasaban por la de un cuadernal de dos ojos, sirviendo la otra para los amantillos.

11. Estas vergas, entonces nombradas entenas, solían ser de dos perchas empalmadas por la cruz. La mayor se suspendía con dos drizas de doble aparejo y se sujetaban al palo con raca de vertellos; ayudaban a suspenderla dobles amantillos

en los tercios. La de trinquete tenía también dos drizas y una la gavia y la mesana.

12. Como queda expresado, la mayor llevaba doblas amantillos, en el penol y en el tercio.

13. Tenía la mesana una sola osta de corona y borriquetes en el car.

14. Llevaba solo cebadera en el bauprés con arritranco que le permitía correr hacia fuera y hacia dentro según convenía.

15. No llevaba foques, velas adoptadas en época posterior.

16. Eran las velas rectangulares y trapezoidales, salvo el alunamiento, y se orientaban por medio de amuras, escotas y bolinas.

17. En el grátil de la mayor había una vaina de dos dedos por cada lado y en las caídas y grátil, de cinco dedos; en ellas se abrían ollaos a distancia de medio pie unos de otros; pasábase por la vaina un meollar y después se guarnecía por el grátil un cabo de 12 hilos con empalomaduras a cinco dedos unas de otras. En las caídas y pujamen se guarnecía con empalomaduras un cabo de 45 hilos con descuello en los puños. Las bonetas tenían relinga de 3 hilos y se hacían a la medida de los ollaos del papahigo unas bazadas dobles, poniendo una más larga de 10 en 10 y una letra para encontrar la correspondencia.

Las otras velas se guarnecían de manera semejante.

18 y 19. Eran los envergues de culebra; no tenían fajas de rizos las velas.

20. La misma relinga del grátil, prolongada, servía de empuñidura, afirmándola en el resalte del penol.

21. Está contestada en la 17.

22. Usábanse palanquines y chafaldetes, que entonces se llamaban aferravelas y cargaderas.

23. También se usaban briolines de pie de gallo.

24. Era muy alunada la relinga y no habiendo rozamiento en la gavia con la cofa, no había menester de batideros.

25. Es difícil determinar este detalle: al parecer se llevaban las banderas e insignias envergadas en mástiles que se izaban en los topes.

26. Era toda la motonería muy distinta de la que ahora se emplea: los motones tenían forma de almendra y carecían de gaza. En la parte aguda de la caja, en la misma dirección del eje de la roldana se abría un barreno y por él pasaba un estrobo con cazonete. Los cuadernales no tenían las roldanas paralelas, sino una sobre otra.

27. Es de suponer que los adelantos alcanzados en la fábrica de jarcias no las diferencian mucho de las antiguas y que las firmes en las naos se entrañaban y aforraban, aunque toscamente. Puede, sí, afirmarse que en general era en los tiempos de Colón la jarcia de más mena que ahora.

28. Las velas no se aferraban por alto; arriábase siempre la verga, mas de todos modos tenían que apoyarse los marineros en un marchapié, imprescindible en la cebadera.

29. Tenía brazalotes y brazas dobles la verga mayor, en las otras vergas eran las brazas sencillas.

30. Sería prolijo detallar el laboreo de los cabos de maniobras que, lo mismo el de las brazas, respondía a las necesidades subsistentes. En el modelo del Museo naval, antes mencionado, pueden apreciarse las variaciones introducidas para alcanzar facilidad y rapidez mayor en las faenas con empleo de menos brazos que en el siglo XV.

31. No llevaba el bauprés más que un barbiquejo y las trincas al tajamar.[16]

16 No se inserta el pliego de dimensiones por no tener interés para la mayoría de los lectores. Queda archivado en el arsenal de la Carraca.

Con todos estos datos se formaron los planos generales de la nao, pero luego hubo necesidad de reformarlos ligeramente, en algunas partes, al proceder a su construcción, resultando algunas diferencias tan leves que no merecen anotarse. Véanse aquí ahora los planos y cálculos formados por el ingeniero ya citado señor Puente, aprobados por la Comisión ejecutiva, por los que se han construido exactamente la nueva Santa María.

Terminada felizmente la nao, arbolada, aparejada y astillada, hiciéronse en el dique las pruebas de estabilidad que dieron excelente resultado como se ve en los datos adjuntos, resultando más cerca del exceso que de la falta de equilibrio sobre las ondas. Igualmente se verificaron en el mismo arsenal las de resistencia de lombardas y falconetes, que resultaron completamente satisfactorias.

La nao «Santa María» en 1892, por la aleta de babor.

Cuadro de las dimensiones principales de la nao «Santa María», de su batel y su chalupa

Nao.	Metros.	Toneladas.
Longitud de la quilla	18,50	»
Eslora en la flotación	21,76	»
Ídem entre perpendiculares	22,60	»
Ídem máxima	39,10	»
Manga fuera de miembros	7,84	»
Puntal desde c. b. q. a la linea recta del bao maestro en la cubierta principal	3,80	»
Ídem, id. al bao de la toldilla	8.00	»
Ídem, id. al del Castillo	6.00	»
Ídem, id. al coronamiento de la regala en el Castillo	8,74	»
Ídem, id., id. en la toldilla	10,30	»
Altura del centro de carena desde el c. b. q.	1,47	»
Ídem del metacentro id., id.	2,84	»
Valor de p—a (Par de estabilidad transversal)	1,37	»
Calado en proa	2,18	»
Ídem en popa	3,02	»
Diferencia de calados	0,837	»
Calado medio	2,60	»
Desplazamiento con estos calados	»	233
Peso del casco	»	90,500
Longitud y peso del palo mayor	27,25	3,092
Ídem, id. trinquete	18,69	1,289
Ídem, id. mesana	13,73	0,517
Ídem, id. bauprés	14,02	0,679
Ídem, id. verga mayor	18,20	0,615
Ídem, id. trinquete	9,42	0,140
Ídem, id., id., gavia	7.00	0,058
Ídem, id., id., cebadera	6,25	0,036

Batel.		
Eslora entre perpendiculares	8,30	»
Manga	2,52	»
Puntal a popa	1,26	»

Ídem a proa	1,58	»
Ídem con la maestra	1,07	»
Peso del casco	»	1,480
Chalupa.		
Eslora entre perpendiculares	5,58	»
Manga	1,94	»
Puntal a popa	0,78	»
Ídem a proa	0,96	»
Ídem a la maestra	0,56	»
Peso del casco	»	0,590
Superficie y peso de las velas.		
Mayor	$231,94^2$	0,200
Trinquete	$94,66^2$	0,085
Mesana	$78,20^2$	0,079
Gavia	$39,84^2$	0,043
Cebadera	$21,66^2$	0,031

La nao «Santa María» en 1892, de través

Nombre genérico de la embarcación

La comisión llama siempre Nao a La Santa María, fundada en varias razones de las que apuntamos alguna como justificación de ello; véanse aquí:

Escribió el almirante Colón en una de sus memorias: «vine a la villa de Palos, que es puerto de mar, adonde armé yo tres navíos muy aptos para semejante fecho...» En el Diario extractado por el padre Las Casas distinguió entre estos navíos dos especies, como indican los siguientes párrafos:

«Domingo 14 de octubre: En amaneciendo mandé aderezar el batel de la «nao» y las barcas de las carabelas y fui al luengo de la isla...»

Lunes 15 de octubre: «Y porque el viento cargaba a travesía de Sueste, no me quise detener y partí para la nao, y una almadía grande estaba a bordo de la carabela Niña...» «y la almadía que habían dejado la llevamos a bordo de la carabela Niña... y traía un cestillo a su guisa en que tenía un ramalejo de cuentecillas de vidrio y dos blancas, por las cuales conocía que venía de la isla de San Salvador y había pasado a aquella de Santa María y se pasaba a la Fernandina, el cual se llegó a la «nao»; y le hice entrar, que así lo demandaba él, y le hice poner su almadía en la nao...»

16 de octubre...» y también los mandaba dar para que comiesen cuando venían a la «nao» miel y azúcar...»

17 de octubre «...y Martín Alonso, capitán de la carabela Pinta»...

Viernes 19 de octubre: «En amaneciendo levanté las anclas y envié la carabela Pinta al Leste y Sueste y la carabela Niña al Sursueste y yo con la «nao», fui al Sueste...»

He aquí cómo refiere la pérdida de La Santa María ocurrida en la noche del 25 de diciembre:

«Quiso nuestro señor que a las doce horas de la noche, como habían visto acostar y reposar el almirante y vian que era calma muerta, y la mar como en una escudilla, que todos se acostaron a dormir, y quedó el gobernalle en la mano de aquel muchacho, y las aguas que corrían llevaron la "nao" sobre uno de aquellos bancos. Los cuales, puesto que fuese de noche, sonaban que de una grande legua se oyeran y vieran, y fue sobre él tan mansamente que casi no se sentía. El mozo que sintió el gobernalle y oyó el sonido de la mar, dio voces, a las cuales salió el almirante, y fue tan presto que aun ninguno había sentido que estuviesen encallados. Luego el maestre de la nao, cuya era la guardia, salió; y díjoles el almirante a él y a los otros que halasen el batel que traían por popa, y tomasen un ancla y la echasen por popa, y él con otros muchos saltaron en el batel, y pensaba el almirante que hacían lo que les había mandado; ellos no curaron sino de huir a la carabela que estaba a barlovento media legua. La carabela no los quiso recibir haciéndolo virtuosamente, y por esto volvieron a la nao, pero primero fue a ella la barca de la carabela. Cuando el almirante vido que se huían y que era su gente, y las aguas menguaban y estaba ya la «nao» la mar de través, no viendo otro remedio, mandó cortar el mastel y alijar de la «nao» todo cuanto pudieron para ver si podían sacarla, y como todavía las aguas menguasen no se pudo remediar, y tomó lado hacia la mar traviesa, puesto que la mar era poco o nada, y entonces se abrieron los conventos[17] y no la "nao". El almirante fue a la carabela para poner en cobro la gente de la nao en la carabela, y como ventase ya ventecillo

17 Herrera en la Dec. 1.ª, lib. I, cap. XVIII, refiere puntualmente este suceso, y dice que conventos llamaban a los vacíos que hay entre costillas y costillas de una nave. Navarrete.

de la tierra, y también aun quedaba mucho de la noche, ni supiesen cuanto duraban los bancos, temporejó a la corda hasta que fue de día, y luego fue a la nao por de dentro de la restringa del banco.»

Primera navegación de la nao «Santa María»

Completamente terminada, lista, aparejada y dispuesta a dar la vela estaba la nueva Santa María el 28 de julio de 1892 a los 95 días de haberse puesto su quilla, cuando fue visitada, en el mismo arsenal de la Carraca, por el excelentísimo señor vicealmirante ministro de Marina don José M. de Beránger acompañado del capitán general del Departamento, contraalmirante don Eduardo Butler; del Director del personal del Ministerio, contraalmirante don Manuel Delgado y Parejo y del Estado mayor, mostrándose altamente satisfecho así de la construcción, del aparejo, mueblaje y adorno como de la rapidez con que en tan brevísimo plazo se habían realizado las obras felicitando por todo sinceramente al señor Ingeniero encargado de ellas y a la Comisión ejecutiva que tan eficazmente le había ayudado y hecho entrega de la nave por la citada Comisión, como completamente terminada, el señor ministro confirió su mando al capitán de fragata don Víctor Concas y como segundo comandante nombró al señor Gutiérrez Sobral.

El día 30, arbolada la insignia en el vapor Legazpi, quiso el referido señor ministro que diera remolque a la nao y bajó a la bahía de Cádiz, saludando a su paso los buques de guerra españoles y extranjeros que estaban fondeados.

El 31 se trasladó al puerto de Huelva siguiendo las aguas del Legazpi La Santa María remolcada por el vapor de la Compañía transatlántica Piélago, y en formación de dos líneas, los cruceros nacionales y extranjeros cuyo calado permitían franquear la barra.

El 2 de agosto dio la vela la nao para el puerto de Palos. Era el viento flojo y recibiéndolo por la cuadra con la mayor, el trinquete y la gavia, alcanzó marcha de cuatro y media a cinco millas por hora, gobernando bien, con tendencia a orzar.

Llegado el aniversario centésimo cuarto del comienzo de la magna empresa de Colón, se arbolaron en la altura del Convento de la Rábida las banderas de todas las naciones americanas, saludándolas las lombardas de La Santa María y una batería de campaña en la misma altura dispuesta. Estaba proyectado que a esta señal levara el ancla la nave que remeda a la capitana de don Cristóbal, saliendo a la mar alta por el mismo rumbo que marcó el almirante de las Indias, mas en este 3 de agosto no sopló el suave terral como en el del año 1492 conmemorado. Densos nubarrones cubrían el cielo: el horizonte fosco velaba los arreboles de la aurora y el viento contrario traía hacia la costa una neblina fría, envolvente en las escuadras surtas afuera. Fue preciso remolcar al simbólico bajel, si bien pasada la barra pudo orientar por un momento las velas, en que está pintado el signo de la redención, y llegar con ellas largas, aunque siempre a remolque, a la cabeza de las líneas de acorazados, saludándolos con las lombardas y falconetes.

Al hacerlo todos ellos al antiguo estandarte de Castilla con la artillería, las músicas y las voces de la gente en las vergas, ofrecía la rada un espectáculo grandioso. El contraste de un ejemplar del arte naval del siglo XV al lado de los más hermosos tipos producidos en el final del XIX; aquella navecilla endeble comparada con los colosos que hoy flotan y se mueven a voluntad con marcha pasmosa, traía a la mente, de golpe, todo lo que en la distancia de ambas fechas ha hecho cambiar el discurso del hombre influido no poco por el descubrimiento a que la navecilla contribuyó.

Poco menos de una hora la honraron los acorazados y cruceros escoltándola en formación de columnas hacia el Sur:

el señor ministro de Marina inició entonces el movimiento de contramarcha y al volver por el costado de cada uno, las voces, las músicas, los cañones, repitieron la salva por despedida, dando ya el Sol con espléndida luz, brillo al engalanado de banderas; contento a los espectadores que habían salido del puerto en embarcaciones de vela y de vapor.

Tanto la formación de las dos columnas de acorazados y cruceros, como el paso de la nao con su escolta de buques de menor porte y la última evolución que todos hicieron acompañándola a su regreso, resultaron maniobras lucidísimas que acreditaron la pericia de almirantes y comandantes y sobre todo la del vicealmirante señor Beránger, ministro de Marina, bajo cuya dirección se verificaron aquéllas, y a cuyas acertadas disposiciones se debió que, a pesar del número y porte de los buques que en el festejo tomaron parte no ocurriesen ni las averías ni los abordajes que tan comunes son en esta clase de funciones marítimas, siendo quizás esta la primera en que no se han registrado.

Tomaron parte en las manifestaciones los buques siguientes:

Buques que concurrieron a la fiesta naval del 3 de agosto de 1892

De la República Argentina	almirante Brown, almirante don Daniel Solier. comandante C. F. T. Domec García. Veinticinco de mayo, comandante C. N.
Austria	Aurora, comandante C. F. M. Thewalt.
Estados Unidos de América	Newarck, almirante A. E. K. Benham. Comodoro C. S. Carey Duguesclin, comandante C. N. Mr. Blanc.
Francia	Hirondelle, comandante C. F. Mr. Bellue.
Holanda	Bonaire, comandante C. F. A. F. Krabbe.
Inglaterra	Australia, C. Swinton C. Holland. Amphion, C. John R. E. Pattison. Scout, C. Walter S. Goodridge. Torpedero, Liut Hugh le don Stapleton. Torpedero, Liut Allan T. Everett.
Italia	Lepanto, almirante C. A. De Liguori. C. N. S. Grenet Francesco. Bausan, C. N. Cavaliere de Libero. Dogali, C. F. Cav. Giorelo. Duilio, C. F. conde Candiani de Olivala.
México	general Zaragoza, comandante Reginald Carey Brenton.
Portugal	Vasco de Gama, comandante C. N.
	Legazpi, ministro de Marina don José M. de Beránger.

comandante, T. N. i.º don Adriano Sánchez Lobatón.

Pelayo, contraalmirante don Zoilo Sánchez Ocaña. comandante C. N. don Luis Pastor.

reina Regente, comandante C. N. don José Pilón.

Victoria, comandante C. N. don Manuel Dueñas.

Alfonso XII, comandante C. N. don José de Guzmán.

España

Isla de Cuba, comandante C. F. don Salvador Rapallo.

Isla de Luzón, comandante C. F. don Ramón Valenti.

Temerario, comandante T. N. i.ª don Rafael Pascual de Bonanza.

Cocodrilo, comandante T. N. i.ª don Adolfo España.

Nautilus, comandante C. F. don Fernando Villamil.

Arlanza, comandante T. N. don Alberto Castaño.

Cuervo, comandante T. N. don Manuel Pasquin.

Piélago, capitán don N. Plá.

Santa María, comandante C. F. don Víctor Concas.

agosto 1892. La comisión

Fiesta naval celebrada fuera de la Barra de Saltes el 3 de agosto de 1892

Estudios auxiliares para reconstitución de la nao Santa María por el capitán de navío retirado don Cesáreo Fernández Duro de las reales academias de la historia y de bellas artes de San Fernando

Armamento de las carabelas de Colón

Las indicaciones del diario de navegación del almirante de las Indias son tan someras, que no puede por ellas formarse juicio, ni aun aproximado, del número, calidad, forma y disposición de las piezas de artillería montadas en las carabelas.

No es dudoso, sin embargo, por esas mismas indicaciones, qué artillería llevaban. El 7 de octubre de 1492 anotó Colón que «la carabela Pinta tiró una lombarda por señal de tierra y levantó una bandera en el tope del mástil».

El 18 de diciembre escribió que en conmemoración de la fiesta de la Virgen tiráronse muchos tiros de lombarda; puso las banderas y atavió la nao. Vino a bordo el cacique de Santo Domingo, y al despedirle hizo tirar muchas lombardas.

Queriendo luego que los indios tuvieran saludable temor a las armas de los españoles, después que se perdió la nao capitana, «mandó armar una lombarda en tierra y tirar al costado de la dicha nao. Vido como lo pasó y fue muy lejos la piedra por la mar». Era esto el 2 de enero de 1493.

A poco, acabada la fábrica del fuerte nombrado de Navidad, dice que dejó en él mucha artillería, pólvora, pertrechos y un artillero.

Esto es cuanto enseña el mencionado diario, según el extracto conservado por el padre Las Casas y dado a luz por don Martín Fernández de Navarrete en la Colección de viajes y descubrimientos que hicieron por mar los españoles.

Para suplir lo que calla, necesario es acudir a los primeros tratados militares del siglo XVI, por las noticias que recogieron de los anteriores. Las expediciones navales de don Alfonso V de Aragón al reino de Nápoles, mediado el XV; la guerra de Granada emprendida por los reyes de Castilla y Aragón, y en ella el sitio de Málaga, en que se emplearon fuerzas navales; la armada que fue a Italia con Gonzalo Fernández de Córdoba; la que se dispuso para el viaje de don Fernando a Nápoles en 1506; por fin, las escuadras que acometieron a Berbería en 1505 y 1509, comprendieron a la época en que se realizó el descubrimiento de las islas oceánicas, y fijando límites entre los que no fueron notables los adelantos y variaciones de las armas; ofrecen alguna enseñanza.

Han estudiado modernamente el modo de ser de la milicia de mar y tierra al acabar la Edad Media, Capmany, Navarrete, el conde de Clonard, Pérez de Castro, Salas, Barado y algunos más reuniendo cédulas, relaciones, inventarios y dibujos de gran utilidad, muy aumentados e ilustrados para el caso presente en la obra especial dada a la estampa por don José Arantegui y Sanz con título de Apuntes históricos de la Artillería española en los siglos XIV, XV y XVI. (Madrid, 1887-1891.) Poniendo a contribución los textos y algo más, inédito, que va apareciendo, se advierte:

Que las naos de la marina aragonesa a fines del siglo XIV y principios del XV, no llevaban más de una, dos, tres y hasta cuatro lombardas, según su porte.

Que el rey don Alfonso V tenía el año 1418 en la galera real dos lombardas que tiraban 9 y 7 libras de pelota de piedra, y solo 10 proyectiles por pieza.

Que la otra galera real en que hizo don Fernando el mismo viaje a Nápoles en 1506, llevaba una lombarda, dos cerbatanas y dos pasavolantes.

Que en las armadas de naos por el mismo tiempo aprestadas para Italia y Berbería, aunque no seguramente averiguado, iban cuando más, cuatro lombardas en cada una.

Parece deducirse de estas noticias que al emprender las carabelas de Palos su viaje, la artillería no era numerosa en los bajeles, y las confirma una cédula de los reyes Católicos, del año 1505, mandando entregar 10 lombardas, las dos grandes y las ocho pequeñas para la carraca de Iñigo de Artieta, general de la Armada de Vizcaya que estuvo en Cádiz al emprender Colón la descubierta, por si necesario fuera protegerla. Las dos grandes tiraban piedra de cada setenta libras; las otras como ribadoquines.

En instrucciones que se dieron a don Johan Manuel para fletar dos carracas de 2.000 botas cada una, se indicaba que montaban cien lombardas de todos calibres, seis de ellas de 25 a 30 libras, tirando por puertas levadizas.[18] Conforma en cierto modo con este dato los que ofrecen las relaciones de vistas celebradas en Saona por Luis XII de Francia con nuestro don Fernando el año 1507. Un historiador del primero[19] refiere que el almirante Philippe de Ravestain lució en la ocasión una carraca nombrada La Charente, de las mejores que flotaban en la mar: llevaba a bordo 1.200 hombres de guerra sin los marineros y montaba 200 piezas de artillería, de las cuales 14 tenían ruedas y tiraban piedras grandes.

No contradicen estas referencias a las anteriores: aun tratando de carracas que eran las naves de mayor porte y capacidad, y de una tan excepcional por la grandeza y objeto, como La Charente, se comprende que, separadas las 14 piezas encabalgadas, el mayor número componían las de horquilla y pinzote fijo en la borda, manejadas por un hombre, si comprendidas en la denominación genérica de piezas de

18 Arantegui, obra cit., t. II, pág. 316.
19 D'Anton, Histoire de Louis XII.

artillería, distinguidas en particular con las de falconetes, versos y pasavolantes.

La frase mucha artillería empleada por Cristóbal Colón al hablar de la que dejó en el fuerte de Navidad, sería relativa o hiperbólica, como lo era al referirse a las salvas. Debe entenderse que en la fortaleza dejó toda la que montaba la nao perdida, ya que en las otras solo de estorbo había de servirle. Habiendo encarecido en su narración la docilidad y natural pacífico de los indios, querría decir que la artillería era mucha, por estimarla más que suficiente para estorbarles el acceso.

El número efectivo en La Santa María no excedería seguramente del que tenía la carraca capitana de Iñigo de Artieta, y suponiéndolo igual, esto es, de dos lombardas y seis falconetes, estaría bien armada, considerada la época y el porte. Apoya la hipótesis la certeza de ser la nave una de aquellas de Cantabria destinadas al comercio con los estados de Flandes, que conciliaban en lo posible los medios de seguridad con la mayor carga, y no es de presumir que los primeros se alteraran al emprender un viaje de exploración para el que lo importante era contar con vitualla y agua en la ida y la vuelta; vitualla calculada, según algunos marinos dijeron, para un año, si bien parece cifra en doble exagerada.

La fundición de artillería de bronce estaba en mantillas al empezar el reinado de doña Isabel; era de hierro forjado la que se empleaba para la defensa y ataque de las plazas, así como para el armamento de las naves, sobresaliendo en la fábrica los ferreros de Vizcaya, y un curioso documento del Archivo de Simancas[20] relativo a la comisión que se dio a Pedro Ruiz de Ibarra y a Juan Pérez de Tolosa, repostero de cámara de sus Altezas, ambos vascongados, para comprar en aquel país las piezas que hicieran falta al organizar la expedi-

20 Publicado por Arantegui, obra citada, t. II, pág. 312.

ción de Mazalquivir en 1505 explica las dimensiones, calibre y costo de las que se destinaban a los buques.

Dice la primera partida de la cuenta: «Que se hicieron hacer (en Vizcaya) veynte e cuatro lombardas que tiran piedra de diez libras (15 cm) de nueve palmos en largo con cada tres servidores con sendas corueñas, que fue igualada cada pieza en veinte e un ducados».

Las otras partidas especifican las variaciones, salvo la longitud que era la misma en todas las piezas (el mismo longor de nueve palmos) como sigue:

lombardas que tiran	10	libras,	a	25	ducados.
8	7	—	a	14	—
11	6	—	a	12	—
20	5	—	a	10	—
14	4	—	a	8	—
12	3	—	a	6	—
10	2	—	a	4	—
3 de diez palmos	27	—	a	30	—

Por la escala gradual de calibres es de juzgar que a las carabelas, como naves menores, se destinarían las lombardas que tiraban dos o tres libras de pelota de piedra y que así las llevaron las de Colón. En el Museo de Artillería de Madrid se conserva un ejemplar de lombarda pequeña, de las de dos libras, cuyas dimensiones corresponden exactamente con las de la relación de Ruiz de Ibarra y Pérez de Tolosa y también con inventario del año 1500, copiado en Simancas por el brigadier de ingenieros señor Aparici. La ha discutido y dibujado a escala el comandante de artillería don José Arantegui:[21] tiene los nueve palmos de longitud y diámetro que por la

21 En la obra citada, t. I, pág. 401 y lám. 9.

fórmula P == VxD, o sea 920 == 4, 18V 3x2, 40, da para el de la pelota de piedra poco más de 9 cm.

Por el examen detenido se deduce el método racional de fabricación, formando primeramente el cilindro del ánima con barras o duelas de hierro batido, de 6 cm. de grueso, sujetas con manguitos de 12 cm. también de grueso y de 55 a 65 de longitud, y cubiertas las uniones de uno y otro con zunchos de 5 cm. de grueso y 20 de anchura. El refuerzo de la boca se alargaba en la parte superior formando una arista paralela al eje y a la determinada por dos zunchos suplementarios en los tercios, con sendas argollas.

De estas piezas había con servidor o recámara postiza y también con culata cerrada, haciéndose en el último caso el tapón a sombrerete, soldando las duelas a martillo. La disposición del fogón era entonces próxima al plano de la culata, terminando arriba en una pequeña cazoleta de 18 mm. de amplitud. Cortado el sombrerete venía a tener esta pieza 1m,430 de longitud.

Se empleaban las piezas de servidor al aire libre porque teniendo dos y tres que se cargaban independientemente, era el tiro más rápido; las de culata cerrada se preferían en baterías bajo cubierta. Diego García del Palacio explicaba la causa en su Instrucción náutica, escribiendo:

«Todas las piezas abiertas que se sirven con cámaras han de estar sobre cubierta, porque si están debajo, el humo que queda dentro ocupa la vista a los que los sirven.

Por manera que éstas y los versos se han de poner sobre las toldas de popa y proa, y las cerradas, que son de culata, que echan el humo por la boca, abajo...»[22]

22 Según noticia del capitán señor E. A. D'Alberti, del fondo del puerto de Génova se han extraído dos lombardas cerradas, que se cargaban por la boca, semejantes a las que aquí se describen: tiene la una 1m,11 de longitud y 0m,09 de diámetro en la boca: la otra 1m,12 y el mismo calibre.

Lo dificultoso de todo punto es determinar la forma y construcción de los montajes, que según la cuenta extractada del año 1505 ya se llamaban por entonces coruеñas. Es esta una de las investigaciones más oscuras entre las que atañen a la artillería antigua: nada hay averiguado históricamente hasta ahora, pues los dibujos que en las piezas de sitio y de campaña suplen en muchos casos la falta de descripciones, no dejan ver de qué modo se colocaban en el interior de la nao esas lombardas. El discurso tiene que guiarse por analogías con los montajes de plaza y por indicaciones vagas como lo es la de aquella carraca La Charente en que había algunas piezas con ruedas.

El mencionado García de Palacio decía: «Terná la nao sus portañuelas dos palmos en cuadro con sus bisagrones para cerrallas y abrillas cuando convenga, y en los lados de cada una dos argollones de hierro fuerte, y cerca del muñón un gancho, y del a las argollas puestos sus aparejos para zallar las piezas, y de las argollas a la culata de cada una de sus retenidas tan largas cuanto es menester para recular la pieza, advirtiendo que la una sea más corta que la otra, para que reculando la pieza y teniendo la boca dentro, por la retenida corta dé media vuelta y quede prolongada de popa a proa, para que el lombardero pueda tornalla a cargar, sin que por la portañuela le puedan hacer daño.»

Como la construcción es casi un siglo posterior al tiempo de las carabelas de Colón y trata ya de piezas con muñones y de portañuelas cuadradas, sirve solamente como dato del progreso que en ciertos detalles se había conseguido: mas a falta de otras, y cotejada con lo que se sabe de montaje de artillería de sitio y de campaña, ayuda a conjetura, siendo, sobre todo, de utilidad, para el conocimiento de los herrajes y guarnimientos de palanquines y del braguero con dos brazos, corto y largo.

Por presunción lógica tenía que estar la lombarda montada o encabalgada sobre una pieza sólida de madera en la que, a media caña, se hubiera rebajado el lugar del asiento a tope de la culata. Sentaría sobre dos tablones adelante y atrás prolongados lo suficiente para dar, como base, mayor estabilidad al conjunto y a fin de que, no estando dicha base en contacto continuo con la cubierta de la nave, dejaran espacio e hicieran posible y fácil dar las fuertes trincas de cabo o cuerda que hacían de la lombarda y su cureña un solo cuerpo, y tesarlas o reforzarlas a medida que el ejercicio requiera mantener la sujeción.

Bien podía conseguirse teniendo la corueña un eje delantero con ruedas pequeñas enterizas; pero las ruedas representan otro adelanto que no es probable se hallara en práctica en las carabelas, toda vez que como novedad y cosa rara se señalaba años después.

Claro es que no podría con esta disposición variarse la puntería en altura, y que habían de ir los tiros rasando el agua, como dice el cronista portugués García de Resende; con todo, siendo como era corto el alcance y empleada por consiguiente la artillería solo como preliminar del abordaje, cumpliría tal afuste con su objeto, sirviendo al disparo de la pelota de piedra, de cuyo efecto en los costados de madera habla Julio César Firrufino, y el mismo Colón dio idea en la ocasión citada precedentemente, contando cómo pasaba el proyectil la endeble obra muerta de su nao.

Justifica al mismo tiempo la inmovilidad de la lombarda en su montaje, porque no se abrían compuertas cuadradas en los costados. Una abertura circular de poco mayor diámetro que la boca de la pieza era suficiente para el disparo y protegía más a los sirvientes contra los tiros de armas portátiles.

El modo de cargar las piezas con pólvora a granel introducida con cuchara, se indica en la siguiente Cédula real, que recomienda la sustitución en las Indias de la artillería de hierro forjado por la de bronce.[23]

«El rey. Comendador mayor, nuestro veedor general de la nuestra Artillería. Porque para la isla Española son menester algunas piezas de artillería, Yo vos mando que luego que esta viéredes, fagais facer en esa ciudad de Málaga cinco sacabuches e un cañón pedrero que tenga una linterna de oxa villa (?) engastada en el atacador, para le atacar, e ducientas e cincuenta piedras para él, e dos falconetes e ducientas piedras de plomo, e un molde de azofar para los falconetes, e otra linterna como la del cañón, e sea todo de buen metal porque de yerro luego se dapna allá a cabsa de la humedad de la tierra, los quales así fechos con todos sus aparejos, los entregaréis a nuestros oficiales de la Casa de la Contratación que residen en Sevilla, o a quien su poder ovier. E mando a Juan de Soria, mi contador de la artillería, que así se los faga luego entregar su carta de pago, o de quien su poder oviere, cuanto que sean rescebidos. Fecha en la villa de Medina del Campo a 30 de Setiembre de 1504 años. Yo el rey. Por mandado del rey, Gaspar de Gricio.»

Los falconetes o versos fijos en la borda que equivalían a las piezas actuales de tiro rápido, eran de hierro batido, como las lombardas; se fabricaban de la misma manera, diferenciándose en el calibre menor; en que lanzaban proyectiles formados con dado de hierro revestido de plomo y en que no teniendo cureña, pues giraban verticalmente sobre muñones y horizontalmente sobre horquilla acabada en pinzote, tenían en la parte posterior un bastidor o marco para afianzar con cuña el servidor, y una rabera con que lo manejaba el lombardero.

No es necesario reconstituir estas piezas discrecionalmente, pues existen en el Museo de Artillería de Madrid

23 Colecc. de docum. inéd. de Indias, t. XXXI.

dos ejemplares auténticos extraídos del fondo del mar y por primera vez descritos en el Museo Español de antigüedades. Uno de ellos tiene 70 milímetros de calibre y 23 de espesor en el brocal: la bala de hierro emplomado pesaría 1.500 gramos. El otro tiene 45 milímetros de calibre y la pelota no debía pesar más de 360 gramos. En el último son las duelas de 5 milímetros, los manguitos de 17 y los zunchos de 40. La longitud de la caña es de 750 milímetros; la del marco, en dirección al eje, 250; la de la rabera 340, de modo que la longitud total alcanza a 1m,340.[24] Que las naos y carabelas grandes o pequeñas llevaban artillería, acredita el Memorial que Cristóbal Colón dirigió a los reyes en 1498 enumerando las cosas que necesitaba, diciendo:[25]

«Es más menester para los navyos que fueren, como para la gente que allá residiere ansy armas, lombardas para los navyos, e lanzas e espadas e puñales e ballestas e madexuelas para las ballestas, e almacén para las ballestas.»

Relativamente al cuarto viaje del descubridor de las Indias hay constancia oficial en las cuentas de Rodrigo de Narváez conservadas en Simancas,[26] importante al fundamento de lo que va expuesto, por esta partida:

«Data. Por una cédula fecha en 20 de marzo de 1502 años se libró en el dicho Rodrigo de Narváez mayordomo del Artillería de sus Altezas dos ribadoquines e 24 quintales de pólvora que lo dé a X.°val Colón, almirante para el viaje que ha

24 Se han extraído falconetes casi iguales del fondo de los puertos de Santander, Alicante y Barcelona, y según noticia del capitán señor E. A. D'Albertis, otros tres ejemplares muy parecidos en todo se han encontrado en los puertos de Génova y de Rapallo; dos de ellos tienen 1m,33 de longitud y 0m,04 de diámetro; el otro solo 1m de longitud.

25 Original en la Academia de la Historia, donación del general San Román.

26 Contadurías, 1.ª época, N.° 613. Copia del señor Aparici, 1847. Remesa 13, N.° 21.

de facer, lo cual se le libró por una cédula del thesorero A.º de Morales fecha en Sevilla a 8 de marzo de 1502.»

Con la experiencia de lo acontecido a la nao Santa María quiso don Cristóbal llevar bajeles de menor porte en este viaje que había de ser de exploración por las costa de Tierrafirme y, según refiere el padre Las Casas, compró cuatro navíos de gavia a propósito, el mayor de los cuales no pasaba de 70 toneles ni el menor de 50 bajaba. Los dos ribadoquines entregados por el mayordomo de la artillería de Málaga no serían únicas piezas con que se armaron las cuatro naves, pues en tal caso fuera excesiva la cantidad de 24 quintales de pólvora con que se las dotaba; es de concebir por ello que con esas dos piezas se aumentó y mejoró el armamento ordinario de artillería de hierro que las carabelas tendrían, a petición del almirante.

Consignó el cura de los Palacios, cronista de los reyes Católicos, al tratar de la guerra con Portugal y batalla de Toro,[27] que el duque de Villahermosa, fue por entonces (1475) el primero que metió ribadoquines en Castilla. Para el sitio de Ponferrada ya se fundieron en Zamora y Benavente, sabiéndose por las cuentas del tesorero Ruy López de Villalobos (1486) haberse encargado la fundición a los maestros Pedro y Juan, a condición de pagarles por cada uno que saliera limpio y bueno, sufriendo la prueba de dos tiros 1.000 maravedís, siendo de su cargo la leña, carbón, molde y demás cosas necesarias, excepto el cobre y estaño. Fundieron 17, y salieron tan buenos, que sobre el precio estipulado se les abonaron 1.500 maravedís.[28]

Eran pues los ribadoquines piezas ligeras de bronce de reciente adopción, cuyas condiciones se descubren en las partidas de cuentas de gastos hechos para aquel sitio, a saber:

27 Cap. XVIII.
28 Memorias históricas de la ciudad de Zamora, t. II, pág. 105.

Bancos de ribadoquines pagados a los carpinteros.

Maderos de olmo labrados a hacha para los mismos.

Maromas.

Hoja de lata para medida de ribadoquines.

Dados de hierro para pelotas de ribadoquines.

Dos carros e dos pares de bueyes en que se llevaron seis ribadoquines.

Poco después se aplicaba tal artillería a la defensa de las plazas: los inventarios del mayordomo manifiestan haber entregado en 1501, con otras piezas; para la fortaleza de Bermiliana un ribadoquín que pesó 2 quintales e 1 arroba e 10 libras.

Para la de Buñol, 1 ribadoquín e 2 arcabuches que pesaron 3 quintales e 18 libras de metal.

Para la de Adra, 2 ribadoquines e 2 arcabuches que pesaron 5 quintales e 2 arrobas e 10 libras.

Para la de Lanjarón, 1 ribadoquín e 2 sacabuches que pesaron 2 quintales e 3 arrobas e 1 libra.

Las relaciones del año siguiente de 1502 hacen distinción de Ribadoquines San Migueles; ribadoquines con muñones; ribadoquines chicos, y aun dicen que maestre Cristóbal, fundidor, entregó 19 ribadoquines ochavados, 14 ribadoquines redondos y moldes de pelotas para ellos.

Los arcabuches o sacabuches eran, por lo que parece, piezas de campaña, más ligeras y modernas que los ribadoquines. No atañe al almirante, sino a su sucesor en el gobierno de la isla Española la primera mención, hallada en la siguiente cédula, digna de notoriedad.[29]

«El rey e la reina. Rodrigo de Narváez, mayordomo de nuestra Artillería. Nos vos mandamos que deis y entreguis al Comendador de Lares, nuestro gobernador de las Indias,

29 Simancas, copias del señor Aparici, publicada por Arantegui, t. II, pág. 175.

o a la persona que el con su carta embyare, veinte e cuatro sacabuches de metal[30] e la pólvora e pelotas que fuere menester para ellos e para quince espingardas que le mandamos de otra parte dar, e así mismo le dad los moldes e otro aparejo que fuere menester para hacer las dichas balas, lo cual todo es para llevar a las Indias, e tomad su carta de pago, o de la persona que asymismo enviare con la cual e con esta mandamos que vos sea rescibido en cuenta lo que asy le dieredes y entregaredes, lo cual vos mandamos que hagades, asentando esta nuestra cédula el Comendador mosen San Martyn nuestro proveedor e veedor de la dicha artillería e Joan de Soria contador della, e dando ellos su parecer en las espaldas de esta nuestra cédula de las cosas susodichas que les debáis dar.

Fecha en la ciudad de Granada a 31 días de agosto de 501 años. Yo el rey. Yo la reina. Por mandado del rey e de la reina, Gaspar de Gricio.»

Cuando llegó Colón al puerto del Retrete en el cuarto viaje, después de reconocer las costas de Mosquitos y de Veragua, le hostilizaron los indios, osando llegar hasta cerca de los navíos, que estaban con el bordo en tierra. Para atemorizarlos mandó al almirante tirar lombardas sin pelota, pero con el ruido se alborotaron más, burlándose del recurso. Don Fernando Colón, testigo presencial, refiere que, visto su demasiado atrevimiento, por espantallos, mandaba tirar el almirante alguna lombarda de cuando en cuando, y que ellos respondían con gran grita, dando con sus bastones en las ramas de los árboles, haciendo grandes amenazas y mostrando no tener temor del sonido o estruendo de las lombardas, pensando que debían ser como los truenos secos sin rayos, no más de para causar espanto; y que porque no tuviesen

30 Ya se ha visto que en algunas cuentas se nombran arcabuches; también hacabuches.

tan gran soberbia, ni menospreciasen a los cristianos, mandó que una vez tirase una lombarda contra una cuadrilla de gente que estaba junta y apeñuscada en un cerrito, y dando por medio de ellos la pelota, hízoles cognocer que aquella burla era también rayo como trueno, por tal manera que después aun tras los montes no se osaban asomar.»

Acredita el dicho que las carabelas disponían de piezas de mayor calibre que los dos ribadoquines entregados por Narváez, pues que éstos no se comprendían en el nombre general de lombardas, aplicado a las grandes. Que todas las carabelas montaban algunas indica el mismo libro de don Fernando Colón, al decir que sufriendo temporal sobre la costa de Veragua «los truenos eran tan bravos y espesos, que pensaban los de un navío que los de los otros disparaban el artillería demandando socorro, porque se hundían».

El diario referido de Colón, en el primer viaje, menciona la espingarda como arma de mano de que disponían los tripulantes de las carabelas; pero habían de ser muy pocas, no estando por entonces generalizadas. El contingente de ejército de 6.000 hombres que salió de Sevilla para la guerra de Granada solo contaba con 400 espingarderos; el de la Santa Hermandad, cuerpo de hombres escogidos a cuyo cargo estaba la seguridad en los caminos y despoblados, tenía una espingarda para cada diez. En fin, al alistarse las 17 naves con que emprendió el almirante el segundo viaje llevando 1.500 hombres, se ordenó por cédula dada en Barcelona a 23 de mayo de 1493, que se le entregaran 100 espingardas y 100 ballestas, resultando aún menor la proporción.

Hállanse dibujadas y descritas estas armas en los tratados de arte e indumentaria militar aludidos; hay además ejemplares en la Armería Real, y para las espingardas se cuenta con otro dato de gran interés; la sillería del coro de la Catedral de Toledo, obra ejecutada en el reinado de doña Isabel. Allí se ven esculpidos espingarderos en función. Tenía la espingarda un cañón corto con boca acampanada, sujeto a larga caja de madera. Cargábase con baqueta, llevando la pólvora a granel en frasco de hierro y las balas en bolsa. Se disparaba sosteniendo la puntería con la mano izquierda y aplicando con la otra una mecha al oído.

Menciona asimismo el referido diario arcos turquescos que disparaban flechas, a diferencia de las ballestas, con que se lanzaban jaras. Como el almirante se sirvió de lanza para matar la monstruosa iguana cuya piel mostró a la vuelta, en España, como cosa rara, hay evidencia, que no fuera necesaria, de que con lanzas y espadas muy cortantes[31] combatía la mayor parte de la gente. Todos los inventarios de la época cuentan como de mayor número estas especies de armas ofensivas distinguiéndolas en clases que nombran lanzas manesgas, lanzas largas, chuzos o picas, romañolas, guadañas, etc., amén de las arrojadizas que entraban por cientos, como dardos, virotes y barras aguzadas.

Como defensivas tenían corazas compuestas de peto y espaldar, capacetes, gorguerinas y otras piezas diversas de arnés; rodelas con la divisa real pintada y paveses con las mismas insignias. Los últimos servían de defensa y adorno para cubrir las bordas, y de ellos viene el nombre de pavesada que conserva el vocabulario naval, aplicándolo ahora a la cubierta de los cois, igualmente colocados por parapeto defensivo. En las cuentas que dieron Pedro Ruiz y Juan Pérez de Tolosa de las compras hechas en Vizcaya el año 1502 para la jornada de Mazalquivir, antes citadas, hay pormenores curiosos de las armas portátiles; comprenden armaduras suizas, cada una de ellas con piastrón e guarnición de brazo izquierdo y celada e barbote, sin manopla, que costaban a 610 mara-

31 Encareciendo Colón la simplicidad de los indios de las Lucayas dice que tomaban las espadas por la hoja y se cortaban las manos.

vedís; corazas fechas en cueros de cordobanes, marcadas y estañadas y templadas a prueba de ballesta, cada una a 485 mrs.; ballestas echizas con sus poleas de a cada dos cuerdas e con sus cintos de armar e con sus cuerdas e con todo el aparejo que era menester a 480 mrs.; lanzas de mano con hierros acerados enclavados, con sus regatones de hierro a 250 mrs. la docena; dardos con sus hierros e puestos sus avientos, a 50 mrs. la docena; pasadores acerados grandes y pequeños, a 5 mrs.; saetas, etc., etc.

Comparados tales elementos con los que al cabo de cuatro siglos tiene a su disposición la marina militar, parecerán poca cosa; ¡pero qué enorme cifra de maravedís cuestan ahora!

Cesáreo Fernández Duro.

De la nao «Santa María» y de las carabelas «Pinta» y «Niña» con noticias breves de personas y naves en los viajes de Cristóbal Colón

Jerónimo Cardano, matemático del siglo XVI, reformador del aparato de suspensión de la aguja náutica, decía que exaltar a Colón no es celebrar a un hombre ni enaltecer a un linaje, ni alabar a una ciudad ni a un reino; es proclamar una gloria de la humanidad beneficiada con su descubrimiento.

Al hallar el navegante, en quien esa gloria está sintetizada, las Indias occidentales, regía una escuadrilla de tres naves tripuladas por nautas que con él se arrojaron a rasgar el velo del Océano, acompañándole en los riesgos, en los trabajos y en las privaciones; a todos debía tocar y tocó parte proporcional en el resultado de la empresa homérica; a todos alcanza en la consideración aquella solidaridad que el poético sentimiento del pueblo estableció en el adagio

«Quien ama a la flor
Ama las hojitas de su alrededor.»

Por ello con repetido empeño se ha procurado averiguar los nombres de los que en el puerto de Palos embarcaron en las tres naves, consiguiéndolo de muy pocos, porque con la pérdida de los papeles del tiempo, los más se han oscurecido.

Don Martín Fernández de Navarrete publicó en su Colección de Viajes y descubrimientos lista de cuarenta individuos que le fue remitida desde el Archivo de Indias, entendiendo por la expresión del encabezamiento, que rezaba murieron en la isla Española, fueran los que dejó Colón en la fortaleza de la Navidad después del naufragio de la capitana y, por tanto, los que en ella habían ido, primeros europeos que fecundaron con su sangre la tierra recientemente hollada.

En esta creencia se ha reproducido muchas veces la relación; se insertó en el libro titulado Colón y Pinzón con aditamento de otros nombres posteriormente descubiertos, y se esculpió en el monumento erigido en Madrid a la gloriosa memoria del almirante; mas ahora registrando legajos del mismo Archivo de Indias de Sevilla en busca de documentos convenientes al objeto del Centenario, ha encontrado el archivero don Francisco Javier Delgado ciertas anotaciones en los libros de Cuenta y razón pertenecientes a la Tesorería de la Casa de la Contratación que comprenden los años 1503 a 1515, por las que necesariamente hay que modificar aquellas impresiones, pues aparecen partidas de pagos hechos a las viudas o herederos de diez personas, especificando repetidamente en cada una de ellas «murió en las Indias entre las treinta y siete (así en unas partidas; en otras dice treinta y ocho) que cuando la primera vez la isla Española se descubrió, los dejó el almirante Colón, y el segundo viaje que fue a poblar los halló muertos, según parece por la nómina de su Alteza.»

Los nombres de estas diez personas no corresponden con los de la lista de Navarrete y no pueden agregarse a ella, porque en tal caso, añadidos también los de Diego de Arana que es sabido quedó por gobernador, y los de sus tenientes Rodrigo de Escobedo y Pedro Gutiérrez, sumarían cincuenta y tres, cifra que excede con mucho a la registrada oficialmente. Habrá por tanto que eliminar la mencionada relación de Navarrete, entendiendo que los individuos fallecidos en las Indias que comprende, murieron en otros viajes, no todos en el primero. Si se admitiera la defunción separadamente de los que guarnecieron la fortaleza de Navidad, los cuarenta sumados a los treinta y ocho compondrían casi el total de los expedicionarios.

No hay seguridad tampoco de cuántos fueron éstos: don Fernando Colón y el padre Las Casas fijan en 90 hombres la gente de los tres bajeles; Oviedo la eleva a 120; Pedro Mártir de Anglería la pasa de 200; fray Antonio de Aspa apunta erróneamente que iban más navíos y más marineros de lo que se supone. Lo racional, compulsados los datos, teniendo en cuenta el porte de las embarcaciones y la capacidad que exigían los víveres y aguada acopiados para la eventualidad de un viaje largo, es suponer que fueran 90 los hombres de mar y que con los funcionarios nombrados por los reyes, los escuderos y los criados llegaran en totalidad a los 120, conciliándose así las indicaciones de los cronistas primitivos de Indias.

Recuerdan todos ellos, acordes con el Diario de navegación de don Cristóbal, los nombres de los capitanes, los de los pilotos, con los de algunas más personas señaladas; de la mayoría no hacen mención y estuviera del todo olvidada, si la conveniencia o la necesidad de hacer probanza no hubiera estimulado a don Diego Colón a buscar y presentar por testigos en el pleito que sostuvo contra la Corona, a los que habían navegado con su padre, haciendo lo mismo el fiscal del Consejo de Indias en defensa de su gestión.

Citados para declarar todos los que los litigantes hubieron a la mano, fueron haciendo relación de ocurrencias y consta por consiguiente en los autos, en contestación a las preguntas generales, el nombre, edad, naturaleza y oficio o situación de los testigos. Cabe duda de la nave en que fueron porque ni esto se les preguntó ni lo dijeron todos al expresar desde cuándo y cómo conocían al almirante don Cristóbal, pero en lo último fueron explícitos, así que, apartando los que dijeron haber ido en el primer viaje aparecen sesenta, número no escaso dada la dificultad de componerlo; el de la mitad de los expedicionarios, que eran:

Nao Santa María

Cristóbal Colón, capitán de Sus Altezas.
Juan de la Cosa, maestre, de Santoña.
Sancho Ruiz, piloto.
Alonso Pérez Roldán, piloto.
maestre Alonso, físico, de Moguer.
maestre Diego, contramaestre.
Rodrigo Sánchez de Segovia, veedor.
Pedro Gutiérrez, repostero de estradas del rey.
Rodrigo de Escobedo, escribano de la Armada.
Diego de Arana, alguacil mayor, de Córdoba.
Diego Lorenzo, alguacil.
Luis de Torres, judío converso, intérprete.
Domingo de Lequeitio.
Lope, calafate.
Jacome el Rico, genovés.
Pedro Terreros, maestresala.
Rodrigo de Jerez, de Ayamonte.
Ruiz García, de Santoña.
Rodrigo de Escobar.
Francisco de Huelva.
Rui Fernández de Huelva.
Pedro de Soria.
Pedro de Bilbao, de Larrabezua.
Pedro de Villa, del Puerto.
Diego de Salcedo, criado de Colón.
Pedro de Acevedo, paje.

Carabela Pinta

Martín Alonso Pinzón, capitán, de Palos.
Francisco Martín Pinzón, maestre, de Palos.
Cristóbal García Xalmiento, piloto.
Juan de Umbria, piloto.
Juan de Jerez, marino, de Palos.
Bartolomé García, contramaestre, de Palos.
Juan Pérez Vizcaíno, calafate, de Palos.
García Hernández, despensero, de Palos.
Rodrigo de Triana, de Lepe (el que cantó tierra).
Juan Rodríquez Bermejo, de Molinos.[32]
Juan de Sevilla.
García Alonso, de Palos.
Goméz Rascón, de Palos.
Cristóbal Quintero, de Palos.
Juan Quintero, de Palos.
Diego Bermúdez, de Palos.
Juan Bermúdez, da Palos (descubridor de la isla Bermuda).
Francisco García Vallejo, de Moguer.
Francisco García Gallego, de Moguer.
Pedro de Arcos, de Palos.

Carabela Niña

Vicente Yáñez Pinzón, capitán, de Palos.
Juan Niño, maestre, de Moguer.
Pedro Alonso Niño, piloto, de Palos.
Bartolomé Roldán, piloto, de Palos.
Diego Martín Pinzón, el viejo de Palos.
Francisco Pinzón, de Palos.
Francisco Niño, de Moguer.

32 Es probable que Rodrigo de Triana y Juan Rodríguez, que también se dice cantó tierra, fueran, uno mismo.

Bartolomé Pérez.
Gutiérrez Pérez, de Palos.
Juan Ortiz, de Palos.
Alonso Gutiérrez Querido, de Palos.
Pedro de Lepe.
Alonso Morales.
Andrés de Huelva, grumete.

Las clases y categorías que en los diarios se mencionan son:

Capitán, maestre, piloto mayor, piloto, veedor, escribano, físico, alguacil mayor, alguacil, contramaestre, marinero, escudero, grumete, paje y bajo el título de oficiales de nao, carpintero, calafate, tonelero, despensero, lombardero y trompeta.

Los que con toda certeza quedaron en la fortaleza de la isla Española y allí finaron;

Diego de Arana, gobernador.
Pedro Gutiérrez, teniente.
Rodrigo de Escobedo, teniente.
maestre Alonso, físico.
Diego Lorenzo, alguacil.
Luis de Torres, intérprete.
Lope, calafate.
Domingo de Lequeitio.
Jacome el Rico, Genovés.
Pedro de Lepe.
Alonso Morales.
Andrés de Huelva.
Francisco de Huelva.
Repítalos por siempre la historia.

Los tres viajes sucesivos que emprendió el almirante no despiertan interés tan vivo como el primero, y como fueron muchas las personas que le acompañaron sería también difícil reunir los nombres de las principales siquiera.

Llevaba al salir de Cádiz el 24 de Septiembre de 1493 una flota de 17 naves; de ellas 3 carracas muy grandes cargadas de víveres y pertrechos; 2 naos, una nombrada Marigalante, en que arboló la insignia de mando, y 12 carabelas. Embarcaron en el número de funcionarios distinguidos Pedro Margarit, Alonso de Valencia, Gómez Tello, Ginés de Gorbalán, Alonso de Ojeda, Juan de Luján, Pedro Fernández coronel, Bernal Díaz de Pisa, Alonso de Carvajal, Sebastián de Olano, Melchor Maldonado, Álvaro de Acosta, Francisco de Peñalosa, Pedro de Las Casas (padre de fray Bartolomé), el doctor Diego Álvarez Chanca, el ensayador de metales Fermín Cado, el delegado apostólico fray Bernal Buyl, fray Ramón Pané, fray Juan Tisín, fray Diego Márquez, fray Juan de la Duela...

Llegados felizmente al puerto de Navidad, en la Española, despachó el almirante para volver a Castilla 12 de las naves al mando de Antonio de Torres, hermano de la nodriza del príncipe don Juan, con el piloto mayor Pero Alonso Niño, y quedóse con las otras cinco embarcaciones para atender a las necesidades que ocurrieran. Con tres carabelas nombradas San Juan, Cordera y Niña (la misma del primer viaje), emprendió el reconocimiento de las islas Jamaica y Cuba, en mayo de 1494, y por haber levantado testimonio el notario Fernán Pérez de Luna, se sabe que iban a la exploración 50 hombres de mar, cuyos nombres se escribieron,[33] notándose los de los maestres Cristóbal Pérez Niño, Alonso Pérez Roldán y Alonso Medel; de los pilotos Francisco Niño y Bartolomé Pérez, y del maestro de hacer cartas Juan de La Cosa.

Regresó Colón a España en 1494 en la mencionada carabela Niña, acompañado de otra que por ser la primera cons-

33 Colección de Viajes de Navarrete, t. I.

truida en las nuevas tierras se llamó La India. Iban en su compañía 220 europeos.

Para el tercer viaje, emprendido en 1498, alistó 4 naos de más de 100 toneles y 2 carabelas. Despachó directamente para la Española, desde Canarias, tres de los navíos, mandados por Pedro de Arana, hermano de doña Beatriz Enríquez, Alonso Sánchez de Carvajal y Juan Antonio Colombo, su pariente. Con una nao y dos carabelas hizo el descubrimiento del Continente en Paria y bocas del Orinoco, siéndole de gran servicio durante la enfermedad que padeció el capitán Pedro Terreros.

Dolorosísimo fue el retorno, viniendo en 1500 bajo partida de registro, con grillos, lo mismo que sus hermanos Bartolomé y Diego en la carabela Gorda, cuyo maestre y propietario era Andrés Martín de la Gorda, y el capitán Alonso Vallejo. Debió de escoltarle la carabela Antigua que había llevado a Española el comendador Bobadilla.

Del cuarto y último viaje del almirante en 1502 hay rol completo, que formó el contador Diego de Porras y se conserva.[34] Colón eligió cuatro navíos de gavia cuales convenía a su propósito de reconocer costas y bajíos; el mayor no excedía de 70 toneles ni el menor de 50 bajaba. En número redondo dicen sus cartas que juntó en la flotilla 140 hombres; en el rol parecen 148 sin cortar su persona, la del adelantado don Bartolomé, su hermano, y la de don Fernando, su hijo. En resumen.

La carabela capitana ganaba nueve mil maravedís de flete al mes; tenía por capitán a Diego Tristán; llevaba piloto mayor, maestre, contramaestre, físico, tonelero, calafate, carpintero, 2 lombarderos, 2 trompetas, 14 marineros, 4 escuderos, 20 grumetes, en total 52 personas, incluidas las del almirante y su hijo.

34 Navarrete, Colección de Viajes, t. I.

La carabela Santiago, capitán Francisco de Porras, ganaba diez mil maravedís al mes, componiendo la tripulación 47 hombres en total.

El navío Gallego se fletó a razón de 8.333 maravedís; mandábalo Pedro de Terreros, llevando 27 hombres, de capitán a Paje.

El navío Vizcaíno fletado por 7.000 maravedís, regía Bartolomé de Fiesco, tripulándolo 25 hombres. Total general, 151. Durante la campaña fallecieron 31, cifra enorme, que pasa del 20 por 100.

Anota Porras que el velamen de la carabela era:

* 2 velas maestras del árbol mayor con una boneta.
* 1 vela maestra de trinquete con una boneta.
* 1 vela de mesana.
* 1 vela de gavia.

El sueldo mensual de la gente de mar era:[35]

Un capitán	2.500	maravedís.
Un piloto	2.000	—
Un marinero	830	—
Un grumete	730	—
Un paje	530	—

Perdidas las cuatro naves, en la costa de Veragua dos y en Jamaica las otras, el almirante fletó en la isla Española dos más embarcando en la del maestra Diego Rodríguez con 25 de sus compañeros. El adelantado don Bartolomé vino en la segunda, llegando a Sanlúcar de Barrameda el 7 de noviembre de 1504.

No es de olvidar que los restos mortales del insigne marinero fueron embarcados e hicieron todavía dos viajes atravesando el Atlántico y el mar de las Antillas. Según refiere

35 Relación de la Armada que se reunió en Cartagena para la jornada de Orán, en el mes de marzo de 1509. Archivo de Simancas.

Garibay,[36] cuando la virreina doña María do Toledo fue por última vez a la isla Española el año 1544, llevó consigo los huesos de su suegro y marido, dándoles sepultura en la capilla mayor de la iglesia catedral de Santo Domingo. Allí reposaron hasta que por el tratado de paz de Basilea, dejó la isla de ser española. Acordaron entonces las autoridades llevarse los de don Cristóbal; con pompa extraordinaria le acompañaron hasta el bajel que por casual coincidencia llevaba el significativo nombre de El Descubridor, y transbordados en el puerto de Ocoa al navío San Lorenzo, antes de acabarse el año 1795, los condujo a la Habana, con los honores de almirante que le eran debidos, el teniente general de la Armada don Gabriel de Aristizábal.

Cesáreo Fernández Duro.

36 F. Duro, Nebulosa de Colón, págs. 222 y 223.

Instrumentos de que se sirvió Colón en sus viajes

El aparato que se emplea para estimar la velocidad de las naves, llamado por los marineros españoles Corredera, no se generalizó hasta los fines del siglo XVII, aunque antes se hubieran ensayado diversos mecanismos. Don Amonio de Gaztañeta escribía todavía:[37] «No puedo dejar de decir con qué pocos fundamentos se discurre entre algunos navegantes el conocimiento de lo que una nao navega de distancia, pues algunos, haciéndose astrólogos judiciarios, solamente se atienen a su conjetura, sin más fundamento que solo mirar a la espuma que deja la nao con su movimiento... Otros hay que la distancia ajustan solamente con echar un pedazo de palo o astilla por la proa de la nao, algo distante, y luego, así que empareje la astilla con él, camina para popa según la astilla; hecho esto hace la consideración: «si yo caminara en tierra según aquí, lo que podía caminar en una hora sería...»; y con este discurso ajusta el camino que hace en la navegación. Otros hay que hacen unas señales en el costado, de medidas determinadas, y luego echan un palo por la proa, y emparejando a la primera señal empiezan a contar, y según fueron contando y a qué señal llegan, hacen la conjetura de lo que camina una nao.»

El conocimiento de las propiedades de la embarcación y el juicio de los hombres experimentados sobre la fuerza de los vientos y demás accidentes, era en efecto de lo que se servían para calcular la marcha y a lo que hubo de acudir Cristóbal Colón al atreverse a penetrar en el Atlántico, perdiendo de vista por la popa las costas de las islas Canarias.

Desde un principio lo indica con claridad su diario, apuntando a 8 de agosto de 1492 «que hubo entre los pilotos de

37 Norte de la navegación, Sevilla, 1692.

las tres carabelas opiniones diversas donde estaban, y la suya salió más verdadera», y repite en los sucesivos haberse propuesto llevar dos cuentas, poniendo en una menos leguas de las que andaba «por si el viaje fuese luengo, no se espantara ni desmayara la gente.»

Mucho confiaba en su criterio y en su autoridad para imponerlo a los pilotos, pues lo mismo que él podían apreciar la velocidad de las carabelas por rutina, y mejor debían de conocer las propiedades de barcos de su pertenencia en que antes habrían navegado. El propósito de contar menos leguas era contrario a la regla que observaban los españoles, calculando más largo el camino a fin de no aventurar el encuentro de la tierra, sobre todo de noche. Acaso por lo mismo lo adoptó, teniendo presente cuanto pudiera influir en la imaginación el exceso, al hacer camino por un paralelo sin que la diferencia de latitud lo afectara.

«De Leste Oeste (enseñaban las disciplinas) no se da altura ninguna porque el polo (yendo contino por este vía) ni se alza ni se abaja más en una parte que en otra; e así el que Leste Oeste navegare, la cuenta de su camino es a su arbitrio, considerando lo que el navío puede andar según el tiempo y navío y la carga fueren».[38]

Ello es que a 1.º de septiembre escribía don Cristóbal: «Aquí descubrieron sus puntos los pilotos; el de la Niña se hallaba de las Canarias 440 leguas; el de la Pinta 420; el de la Santa María 400 justas», y en 1.º de octubre volvía a decir: «el piloto de la Santa María tenía hoy en amaneciendo que habían andado desde la isla de Hierro hasta aquí 578 leguas; la cuenta menor que el almirante mostraba a la gente eran 584, pero la verdadera que juzgaba y guardaba era 707.»

La última cuenta era de tal modo aproximada a la verdad, que avistada la isla Guanahaní al cabo de treinta y tres días

38 Medina-Regimiento de navegación, Sevilla, 1563.

de viaje y de un trayecto de más de mi leguas; trazando la derrota en carta de las modernas, resulta error no ya pequeño, considerado el tiempo y los elementos de que las carabelas disponían, sino sorprendente hoy mismo con todos los adelantos conseguidos.

En el viaje de vuelta lo tuvo mayor, así por los rumbos al Nordeste, que requerían apreciación de apartamiento del meridiano, como por los temporales que dificultaban la estima de la marcha. El 10 de febrero de 1493 dice el Diario:

«En la carabela carteaban o echaban punto[39] Vicente Yáñez y los pilotos Sancho Ruiz y Pero Alonso Niño y Roldán, y todos ellos pasaban mucho adelante de las islas Azores, al Este, por sus cartas, y navegando al Norte ninguno tomaba la isla de Santa María, que es la postrera de todas las de los Azores, antes serían delante cinco leguas e fueran en la comarca de la isla de la Madera o de Porto Santo. Pero el almirante se hallaba muy desviado de su camino, hallándose mucho más atrás quellos, porque esta noche le quedaba la isla de Flores al Norte y al Este iba en demanda a Nafe, en África y pasaba a barlovento de las isla de la Madera de la parte del Norte. Así quellos estaban más cerca de Castilla que el almirante con 150 leguas. Dice que mediante la gracia de Dios desque vean tierra se sabrá quien estaba más cierto.»

Ocho días después, llegados a la isla, se complacía con razón de la confianza que puso en los pronósticos: «Dice que aquella en navegación había sido muy cierta y que había carteado bien, aunque se hacía algo delantero. Y diz que fingió haber andado más camino por desatinar a los pilotos y quedar señor de aquella derrota de las Indias, como de hecho queda, porque ninguno de todos ellos trae su camino cierto, por lo cual ninguno puede estar seguro de su derrota.»

39 Punto de fantasía llamaban a éste.

Fingió a la ida andar menos porque la gente no se desalentase; fingió a la vuelta andar más por desatinar a los pilotos; si a esta declaración se junta la que hacía a los reyes en la carta que escribió desde Jamaica, diciendo que solo él sería capaz de decir dónde estaba Veragua y de volver a la costa, no puede menos de reconocerse, ya que no la pedantería de que le acusa el escritor alemán Rodolfo Cronau, cierta inmodestia. Acaso le juzgó severo Girava en aquellos día teniéndole por gran marinero y mediocre cosmígrafo;[40] el señor Gelcich, director de la escuela náutica de Lusinpíccolo, estima ahora con más justicia sus excelentes dotes de piloto, dotes que resaltan en el Diario de navegación que nos sirve de prueba; mas los hechos demuestran al mismo tiempo que ni excedía mucho en conocimiento y menos en práctica a los compañeros que con él carteaban, ni había de serle fácil desatinar a pilotos tales como los Pinzones, La Cosa, Pero Niño y tantos más como fueron explorando el Nuevo Mundo a pasar de las precauciones que autoritariamente tomó recogiéndoles las cartas, derroteros, vistas y descripciones que hacían, por quedar único señor del camino, pues llegó el extremo, que él mismo lamentaba, de haberse hecho descubridores hasta los sastres castellanos.

Veamos ahora de qué medios disponían los astrólogos náuticos para diferenciarse de los judiciarios a quienes don Antonio de Gaztañeta enderezaba la sátira del principio.

Tanto como yerran los que han creído que eran las carabelas de Palos embarcaciones menores sin cubierta, tanto se equivocan muchos al presumir se guiaban por la aguja flotante primitiva a que aluden las Leyes de Partida y las obras de Raimundo Lulio. La aguja náutica recibió durante el siglo XIV dos de las más importantes modificaciones cuyo conjun-

40 Dos libros de Cosmographia compuestos nuevamente, por Hieronymo Girava, Tarragonés. Milán, 1556.

to constituye su actual disposición; a saber, la de apoyarla en un estilo vertical sobre el que puede girar libremente dentro del mortero; y la de colocar éste en la suspensión de dos círculos concéntricos; sencillos, pero admirables inventos que además del carácter de utilidad que los distingue, lleva el sello del verdadero genio.[41] Así las construía en Mallorca Jaime Ribes, antes de dirigir la Academia de Sagres a que le llamó el infante don Enrique; así las usaban las naves portuguesas y castellanas en la navegación de la Mina de África y de la carrera de Flandes, siendo una de las causas de sus progresos.[42]

Colón por su mano dio testimonio del uso de la aguja perfeccionada en el Mediterráneo en la carta fechada en la isla Española en enero de 1495 que dirigió a los reyes y cuyo texto nos ha conservado el padre Las Casas.[43]

«A mi acaeció (escribía) que el rey Reynel, que Dios tiene, me envío a Túnez para prender la galeaza Fernandina; y estando ya sobre la isla de San Pedro en Cerdeña, me dijo una saetía que estaban con la dicha galera dos naos y una carraca; por lo que se alteró la gente que iba conmigo, y determinaron de no seguir en el viaje, salvo de ser volver a Marsella por otra nao y más gente. Yo, visto que no podía sin algún arte forzar su voluntad, otorgué su demanda, y mudando el cabo de la aguja di la vela al tiempo que anochecía, y otro día al salir el Sol estábamos dentro del Cabo de Carthagine, teniendo todos ellos por cierto que íbamos a Marsella...»

No es ocasión de examinar si con procedimiento tan sencillo, utilizado por Julio Verne en una de sus novelas, es fácil

41 Don Francisco de padres Márquez. Discurso leído ante la Real Academia de Ciencias, Madrid 1875.

42 Lulio Gregorio Gyraldi, escritor de Ferrara en el libro que dedicó a Hércules de Este, titulado De re nautica, Basilea 1540, dice que los españoles y los portugueses utilizando esta aguja han extendido el conocimiento del mundo.

43 Historia de las Indias, t. I, cap. III, pág. 48.

engañar a marineros de guerra que con vista de las estrellas y aun con la dirección del viento solo habían de conocer el verdadero rumbo, ni importa investigar a qué fin enderezaba don Cristóbal el cuento: lo que de él se deduce y al objeto presente aprovecha, es que la rosa estaba pegada a la aguja y ocultaba sus giros sobre el estilo, sin lo cual no podía imaginar el ardid.

En las más antiguas cartas mallorquinas que se conocen está ya pintada la rosa náutica con treinta y dos vientos tal cual se fijaba sobre la aguja tocada del imán; tal cual la llevó Colón en las carabelas y con la elegancia con que la dibujó Juan de la Cosa en su famoso mapamundi.

De que así era da otras pruebas al referido Diario de Colón, documento primordial en nuestras investigaciones. El 9 de Septiembre anota observación por la cual se advierte que estaban marcadas en la rosa las divisiones de media partida, o sea de 5 en 5 grados. Los días 17 y 30 del mismo mes, expresa que los pilotos marcaron repetidas veces la estrella polar y el Sol al hallarse en el horizonte.

Pormenores de la construcción del instrumento no tenemos de los mismos días ni parece que estuvieran publicados, toda vez que el maestro Pedro de Medina decía en el proemio de su Regimiento: «Viendo yo que de España se hacen más largas navegaciones que de otra ninguna parte del mundo y que para tan largos caminos por la mar casi ninguna cosa había escripta que aviso para las navegaciones les diese, tomé gran voluntad de escribir... para esto he compuesto este libro.»

Antes lo habían hecho Martín Fernández de Enciso[44] y Francisco Falero.[45]

El mismo Medina dio a luz primero el Arte de navegar (1545) y la Suma de Cosmographia (1561), siguiéndole Martín Cortés que completó las teorías y prácticas del tiempo,[46] Medina y Cortés enseñaron a Europa la ciencia del piloto propagándola con universal crédito entre los navegantes; uno y otro alcanzaron a Colón; estuvieron al corriente de sus viajes y lo que dicen de los instrumentos es por tanto aplicable a los que el almirante usó.

Más minucioso Cortés que el otro, trata de la construcción de la aguja en términos curiosos que no han de holgar aquí.

«Tómese un papel como de naipes y dese en él un círculo de cuantidad de una mano, poco más o menos, en el cual se han de pintar los 32 vientos con los colores y la orden que dimos al tratar de la carta, no olvidando de señalar el Norte con una flor de lis y el Levante con una cruz, y demás de esto, cada uno según su fantasía la hermoseará y agraciará.»

Así lo hacían todos los constructores, con oro y colores varios, poniendo en el centro la imagen de la Virgen, por el estilo de la que se ve en la carta de Juan de la Cosa. Rodrigo Zamorano dibujó otra muy bella en su arte[47] poniendo por leyenda Maris Stella svcvrre nobis.

Sigue explicando Cortés que la línea norte-sur se señala en la parte opuesta para asentar los fierros o aceros. «Para estos se ha de tomar un filo tan grueso como una alfiler gordo; se ha de doblar de modo que cada una de las partes sea

44 Suma de geographia que trata de todas las partidas et provincias del mundo, en especial de las Indias, et trata largamente del arte del marear..., Sevilla 1519.

45 Tratado del Esphera y del arte de marear..., Sevilla 1535.

46 Breve Compendio de la sphera y de la arte de navegar, Sevilla 1551.

47 Compendio del arte de navegar, del licenciado Rodrigo Çamorano, cosmógrafo y piloto mayor de S. M., Sevilla 1588.

tan luenga como el diámetro de la brújula y más la cuarta parte. Los cabos, o puntas de estos fierros o aceros se han de apretar y ajustar y en los medios se han de abrir o apartar uno de otro hasta que los cabos vengan a igualar con las extremidades del diámetro de la brújula, y así quedarán los aceros cuasi en figura oval.[48] Estos fierros se han de pegar por la parte baja de la brújula, de manera que las extremidades o puntas vengan precisamente por la línea del Norte-Sur, y para fijarlos así, se han de cubrir con un papel delgado engrudado, dejando las puntas o extremidades descubiertas. Y estas extremidades se han de tocar en la piedra imán de esta manera: la parte que está debajo de la flor de lis se ha de refregar con aquella parte de la piedra que corresponde al norte, y esto bastaba para la perfección del aguja; pero algunos quieren para superabundancia tocar la otra parte del fierro con aquella parte de la piedra que corresponde al Sur. Este tocamiento del fierro con la piedra para que la virtual demostrativa sea engendrada, se ha de hacer dando con un martillo algunos golpes en aquella parte de la piedra que se ha de tocar, es a saber, en el norte o en el sur, y allí le saldrán unas barbas donde se ha de refregar la punta del fierro como quien lo amolase, y quedarle tan pegadas algunas de las dichas barbas de la piedra, y así tocados y pegados los fierros hase de tomar una punta de latón de figura piramidal, que es abajo ancha y arriba hace punta, y por lo bajo o ancho se ha de barrenar con un taladro. Esta pirámide, a que los marineros dicen chapitel, hase de encajar por el centro de la brújula, como la punta salga por la parte más ancha y allí se ha de pegar y bien fijar.»

Explica luego cómo se hace a torno una caja cilíndrica de madera (redonda dice) de poco mayor diámetro que la rosa,

48 Zamorano recomienda que con los alambres se forme una figura de hierro de lanza.

con el fondo postizo para que se pueda quitar con facilidad cada vez que hayan de tocarse con la piedra (a que dicen cebar); cómo se coloca el estilo en el centro, y porque no entre viento por la parte de arriba, se cubre con un vidrio, y sus juntas con cera. Esta caja se pone en otra cuadrada sobre dos círculos «enejados uno con otro, que sirvan para que no penda el aguja aunque penda la nao».[49]

Medina cuenta en el Regimiento de navegación impreso «a la gloria de Dios nuestro señor y de su benditísima madre y para provecho e utilidad de los navegantes», que como antiguamente no había otra navegación sino de Flandes a Levante, y las agujas en Flandes y en Francia se comenzaron a hacer, y de allí fue el principio de poner flor de lis por cabeza en el Norte, así se pone. Se cree que esa navegación de Levante desarrollada por las cruzadas es la que impuso la Cruz en el Este.

Zamorano llama ya mortero a la caja cilíndrica de madera que contiene la rosa por tener hechura de una grande escudilla; recomienda que si la aguja se inclina se ponga en la parte contraria un poco de cera o una delgada lámina de plomo, y hecho el instrumento, llamado aguja de marear, se asiente en la popa, donde está la bitácora, en la línea que pasa desde el bauprés por el centro del mástil mayor.

No hablando ninguno de estos autores más inmediatos a Colón, de fórmulas, se preguntará cómo se hacían las marcaciones a la estrella polar y al Sol, que el almirante menciona en el diario. Se hacían rudimentariamente: puesta la vista en el objeto, se describía con la mano de canto un arco de círculo vertical, repitiendo la operación cuantas veces se creía necesaria. A este modo de marcar llamaban los marineros bendiciones del piloto.

49 Siguiendo exactamente este método se ha construido la aguja que lleva la nueva nao Santa María.

Duda de más interés han suscitado los términos concisos de las anotaciones hechas por Colón. A 17 de Septiembre se lee en el Diario: «Tomaron los pilotos el Norte, marcándolo, y hallaron que las agujas noruesteaban una gran cuarta, y temían los marineros y estaban penados y no decían de qué. Conociólo el almirante, mandó que tornasen a marcar el Norte en amaneciendo, y hallaron que estaban buenas las agujas.»

Llegando aquí don Martín Fernández de Navarrete en su obra de Viajes, puso por comentario: «El ingenioso Colón, que fue el primer observador de la variación, procuraba disipar los temores de su gente, explicándoles de un modo especioso la causa de este fenómeno. Así lo asegura su historiador Muñoz, y así era la verdad, como se comprueba al ver las reflexiones que hace en su tercer viaje sobre estas alteraciones del imán. La misma sorpresa y cuidado de los pilotos y marineros es una prueba decisiva de que hasta entonces nadie había notado esta variación en las agujas. Así lo dicen Casas, Hernando Colón y Herrera, historiadores exactos y fidedignos; y por lo mismo es muy singular que haya cundido tanto la opinión de que el primero que observó las declinaciones del imán fuese Sebastián Caboto, que no salió a descubrir hasta el año 1497 con permiso del rey de Inglaterra Enrique VII, suponiendo que publicó esta novedad el año 1549; y que otros le atribuyan a un tal Criñon, piloto de Dieppe, hacia el año 1534. Nuestro erudito Feijóo incurrió en este error y lo sostuvo, tomándolo, según dice, de Mr. de Fontenelle en su historia de la Real Academia de Ciencias del año 1712. El padre Fournier atribuye la primacía de aquella observación a Caboto y a Gonzalo Fernández de Oviedo, sin duda porque habló de ella en el libro II, cap. XI de su Historia general de las Indias. Así se ha procurado oscurecer el mérito de Colón hasta en las observaciones que eran propias de su situación e hijas de su meditación y conocimientos.»

Raro parece que Fernández de Navarrete, tan entendido en materias náuticas y tan escrupuloso en las investigaciones de su historia, al censurar con razón a los que atribuyen a Caboto y navegantes posteriores el descubrimiento de la variación, por que lo dijeran Muñoz y los que cita, incurriera en el mismo error de atribuirla a Colón y en el de pensar que se oscurezca su mérito con negarle éste que no le pertenece. Ni la noticia consignada en el Diario el 17 de Septiembre de 1492 ni las reflexiones del almirante durante el tercer viaje, que menciona sin examinarlas; aun más, ni la sorpresa y cuidado de los pilotos y marineros, constituyen prueba menos que decisiva de que hasta entonces nadie había notado la variación. El juicio de don Martín tanto se aparta de la exactitud como al presumir que «el ingenioso almirante procuraba disipar los temores de su gente explicándolas de un modo especioso la causa del fenómeno». No para satisfacción de la gente escribía el Diario, documento secreto en que consignaba aquello de las dos cuentas de leguas y del propósito de desatinar a los pilotos. Lo que anotó el 17 de Septiembre refleja las impresiones que de momento sentí al marcar la estrella polar, corroborándolo segunda anotación hecha el 30 del mismo mes de Septiembre en iguales términos:

«En anocheciendo, las agujas noruestean una cuarta, y en amaneciendo están con la estrella justo: por lo cual parece que la estrella hace movimiento como las otras estrellas, y las agujas piden siempre la verdad.»

Esta impresión repetida quiere decir que las observaciones imperfectas hechas al amanecer, le hacían dudar de las que con verdad marcaban durante la noche la variación de la aguja y le inducían en el nuevo error de suponer que la estrella describiera al rededor del polo un círculo de más de 12 grados (una gran cuarta).

Continuadas las observaciones en los otros viajes, llegó ya a comprender la realidad, aunque no de un modo absoluto todavía; la reflexión a que Navarrete se refiere sin haberla estudiado, dice literalmente:

«Cuando yo navegué de España a las Indias, fallo luego en pasando cien leguas a Poniente de las Azores grandísimo mudamiento en el cielo e en las estrellas... Fallo que de septentrión en austro, pasando las dichas cien leguas, que luego en las agujas de marear que fasta entonces nordesteaban, noruestean una cuarta de viento todo entero, y esto es en allegando allí a aquella línea como quien traspone una cuesta...»

No podía descubrir Colón la variación de la aguja porque de mucho tiempo atrás estaba descubierta;[50] lo que sí advirtió o descubrió, lo mismo que los pilotos y marineros, por ser los primeros que atravesaron el Océano, es que la variación de la aguja no es constante; que no es la misma en todos los lugares de la tierra; que existe más allá de las Azores una línea de Septentrión en Austro un meridiano magnético, pasado el cual las agujas se desvían desde el Nordeste (variación que en 1492 tenían en España, conocida por Colón y para todos los marineros) al noroeste, y este cambio inexplicable, que en vano Colón quería penetrar, era lo que a los pilotos preocupaba.

Tal era la confusión del almirante, que como entre otras especies escribiera:[51] «fallé allí que en anocheciendo tenía yo la estrella de Norte alta 5 grados, y entonces las guardas estaban encima de la cabeza, y después de la media noche

50 Winsor, Cristopher Columbus, pág. 200. La variación de la aguja, observada por Peregrini en 1269 fue claramente marcada en la carta de Andrea Bianco de 1436.

51 En la misa relación del tercer viaje.

fallaba la estrella alta 10 grados, y en amaneciendo, que las guardas estaban en los pies, 15»; hubieran de llamar la atención, y Pedro Mártir de Anglería recogió las objeciones escribiendo:[52]

«Refiere el almirante acerca de la diferencia del polo ciertas cosas (copia el párrafo antecedente), que por parecerme que van en contra del sentir de todos loa astrólogos, las tocaré ligeramente.

»Es cosa sabida que aquella estrella polar que los marineros llaman tramontana, no es el punto del polo ártico sobre el cual gira el eje de los cielos; y esto se conoce fácilmente, si cuando salen las estrellas, miras a esa por un agujero pequeño; y si en la última vigilia, cuando la aurora las oculta miras por el mismo agujero, encontrarás que ha mudado de sitio. Mas como pueda suceder que en el primer crepúsculo de la noche se eleve en aquella región (de Paria) 5 grados en junio, y al retirarse las estrellas por los rayos solares que vienen, se eleva 15 grados, tomando el mismo cuadrante, no lo entiendo, y las razones que él da no me satisfacen del todo, ni tampoco en parte, pues dice que ha conjeturado que el orbe de la tierra no es esférico, sino que en su redondez, al ser criado, se levantó cierto lomo; de modo que no tomó la forma de una pelota o de una manzana, como otros siente, sino la de una pera pendiente del árbol, y que Paria es la región que ocupa la eminencia aquella (el pezón escribe el almirante) más próxima al cielo».

No valía la pena que se dio Fernández de Navarrete de discutir si navegantes posteriores a Colón descubrieron la dicha variación de la aguja que el almirante adjudica; a mano tenía los libros de Enciso (1519), de Falero (1535), los más antes

52 Dec. I, lib. VI, cap. IV, traducción del señor Torres Asensio.

citados, en que se discurrió sobre el fenómeno.[53] Basta aquí de la cuestión y del instrumento que hacía pensar a Medina. ¿Qué primor ni sutileza hay en el mundo tan grande que se compare con la del aguja de marear?

A 13 de diciembre de 1492 explica el Diario de don Cristóbal: «Halló por el cuadrante que estaba de la línea equinoccial 34 grados». Este instrumento que en otras ocasiones menciona el almirante y de que habla también Pedro Mártir de Anglería en la crítica transcrita, era modificación del astrolabio y vino a sustituirlo en los navíos, de forma, que ya Rodrigo Zamorano escribía que astrolabio y cuadrante eran una misma cosa.

Martín Cortés lo describe con la minuciosidad que los otros instrumentos, y desde luego se advierte que en el astrolabio náutico se suprimieron por falta de aplicación, las doce casas celestes, la línea crepuscular, los doce vientos, la red aránea con todo aquel complicado mecanismo de que se servían los astrónomos en los observatorios. Redújose a un círculo de latón de un palmo de diámetro y medio dedo de grueso, aunque solía dársele más, porque para algunos pilotos, cuanto más pesado por mejor la tenían. Pendía de una argolla por la que se introducía el dedo pulgar de la mano derecha, dejándolo colgar libremente. Trazados dos diámetros, que representaban el horizonte y el vertical, en la parte exterior se graduaba en 90 partes desde el horizonte al zenit, y por esto se llamaba cuadrante. Sobre el centro giraba una alidada o fiducia con dos pínulas o almenillas y dos agujeros en cada una; el primero grande cuanto cupiera un alfiler gordo, que servía para tomar la altura de las estrellas; el otro

53 De los primitivos tratados de navegación escribieron juicios o comentarios útiles para el objeto presente, don Rafael Pardo de Figueroa, Crítica del Regimiento de navegación del maestro Pedro de Medina, Cádiz 1867; don Francisco de padres Márquez, Discurso citado, Madrid 1875; Fernández Duro, Disquisiciones náuticas.

tan sutil cuanto cupiera una aguja de labrar, y éste servía para la altura del Sol. Tomando el instrumento por la anilla, colocándolo en el plano vertical del astro y moviendo con la otra mano la aliada, hasta conseguir que un rayo de luz penetrando por el agujero de la pínula superior, correspondiera con el otro, la línea fiducia señalaba la altura, contada desde la línea del horizonte.[54]

Para tomar la altura de la estrella polar preferían los pilotos, y llevaba Colón, la ballestilla, báculo o radio astronómico de muy antiguo usado. Era una vara cuadrangular de madera dura, de seis o más palmos de longitud, «porque cuanto más larga era más precisa», y otra más pequeña que a través de una escopladura corría por la primera en sentido perpendicular o en cruz. La primera se llamaba virote o radio; su extremo inferior coz de la ballestilla; la segunda vara se nombraba sonaja. Se graduaba el virote desde el extremo de la coz, por un método gráfico sencillísimo que explican todos los autores citados.

Se observaba con ella aplicada la coz al lagrimal del ojo, puesta la cara hacia la estrella y mirándola por la parte alta del un extremo de la sonaja, se había de dirigir a la vez una visual por el extremo bajo de la misma sonaja al horizonte, corriéndola en uno u otro sentido hasta conseguir la coincidencia, en cuyo caso, los grados y minutos contados hasta la sonaja, representaban la distancia del astro al cenit, o complemento de altura.

Agregando a los tres instrumentos, aguja, cuadrante y ballestilla, la ampolleta o reloj de arena de media hora, se completa la colección de que dispusieron los descubridores del Continente nuevo y aun de los primeros que rodearon el mundo, dándonos a conocer la verdadera figura de la tierra,

54 Más pormenores pueden verse en las Disquisiciones náuticas, t. IV.

tan satisfechos de los resultados, como de los medios. El referido maestro Pedro de Medina escribía:

«Cosa muy justa es que el caballero que ha de entrar en batalla tenga sus armas y caballo bien aderezados, y en tal manera, que cuando fueren menester no le hagan falta. Bien así es justo que el piloto para entrar en la batalla de la navegación, donde no menos peligros que en las otras batallas suele haber, tenga las armas con que se ha de defender que son sus instrumentos, bien aparejados y ciertos, y su caballo que es el navío... Dos cosas deben tener los instrumentos de la navegación: una que sean ciertos, y otra que sean polidos e muy bien hechos, y que el piloto se precie de tenellos tales. Pues el ser ciertos le es gran provecho, y ser polidos y muy bien hechos da contento.»

Polido, cual ninguno, brindaba y sigue brindando la Providencia a los marineros el Reloj del Norte, cuya manilla, la guarda delantera (padres Ursæ Minoris), jamás se descompone. El referido maestro Medina decía de este recurso natural:

«Provecho grande y aviso muy bueno es para el que navega saber que hora es de la noche, donde quier que estoviere; lo cual por el ampolleta no puede todas veces saberse; porque el ampolleta muchas veces se para y otras se duerme el que la vela.»

Que lo último ocurriera no era raro por ser incumbencia de los pajes, muchachos de pocos años, la vela, y cuando no se dejaban vencer del sueño, buenas sacudidas daban al instrumento porque la arena corriera y se acabara más presto su guardia. Cantaban al punto un estribillo de que Eugenio de Salazar nos ha conservado memoria, y se picaba la hora en la campana.[55]

55 Disquisiciones náuticas, t. II. Para los que desconocen la vida de mar no será impertinente expresar que desde tiempo inmemorial hasta ahora, aunque mucho he que desapareció la vela, sigue la campana

Cristóbal Colón creyó observar que el Reloj del Norte atrasaba en el Nuevo Mundo; el Domingo 30 de diciembre de 1492 anotaba en el Diario que «las estrellas que se llaman las guardias, cuando anochece están junto al brazo de la parte de Poniente, y cuando amanece están en la línea del brazo al Nordeste, que parece que en toda la noche no andan salvo tres líneas, que son nueve horas, y esto cada noche.»

---

de las naves de todas las marinas del mundo, tocándose por ampolletas, y como ocho de estas, o cuatro horas dura la guardia, no dan nunca las campanas más de ocho golpes, repitiéndolos en la guardia siguiente, con intervalos que diferencian la hora y la media, como sigue:

CAMPANADAS HORAS
I
4½, 8½, 12½
II
5, 9, 1
II—I
5½, 9½, 1½
II—II
6, 10, 2
II—II—I
6½, 10½, 2½
II—II—II
7, 11, 3
II—II—II—I
7½, 11½, 3½
II—II—II—II
8, 12, 4

Los pajes antaño cantaban al volver la ampolleta:

Buena es la que va,
Mejor es la que viene;
Una (o las que fueren) es pasada y en dos muele:
Mas molerá si Dios quisiere;
Cuenta y pasa, que buen viaje faza.
¡Ah de proa! ¡Alerta; buena guardia!

Se proveían por entonces los pilotos de unas efemérides perpetuas de la declinación del Sol, deducidas de las Tablas Alfonsinas, con las cuales y la altura meridiana calculaban la latitud con error que podía llegar a dos grados. Otra tabla tenían que daba las leguas navegadas y el apartamiento de meridiano, resolviendo un triángulo rectilíneo rectángulo en que eran conocidos un cateto (diferencia de latitud de un día a otro) y el ángulo adyacente (ángulo de rumbo).

Por último, se servían de la carta de marear o representación en un plano de la superficie de la tierra, en que se consideraba cada hemisferio como un cilindro cuya base era el Ecuador, y los meridianos eran paralelos. En la carta, partiendo de un punto conocido se situaban todos los demás por rumbo y distancia, o por rumbo y diferencia de latitud o por distancia y distancia de latitud.

A esto se reducía el Arte de Navegar cuando Colón salió de Palos con ánimo asombroso de llegar a la India Oriental por Occidente.

La vida en las carabelas de Colón La vida en las carabelas de Colón

I

Se ha investigado ya la forma de las naves que desde el puerto de Palos abrieron en el Océano el primer surco hasta las Antillas el año afortunado de 1492; la capacidad del vaso; la proporción de sus miembros; la arboladura y velamen que servían a la moción. Se han reunido datos seguros del armamento con que iban apercibidas a la defensa y a la ofensa: conocemos nombres de una buena parte de la tripulación regida por los maestres, pilotos, capitanes y caudillo por siempre famosos. Del estado de la ciencia náutica entonces, de las cartas, instrumentos, fórmulas, de que en la navegación se pudieron utilizar, también se ha hecho estudio auxiliar de los otros; con todo, no satisfacen en junto a la curiosidad, deseosa de penetrar cuanto atañe a la vida de los expedicionarios en su temerosa empresa.

No es fácil escudriñarla en todos sus pormenores, habiendo transcurrido tan largo espacio; no es sin embargo imposible, formar idea aproximada de los principales, acudiendo al registro de los escritos del tiempo, entre los que nos quedan relaciones de viajes por mar del rey don Fernando el Católico; de la princesa Margarita de Austria; de la infanta doña Juana la Loca; de su hijo el emperador Carlos V; regimientos e instrucciones de almirantes castellanos y aragoneses; asientos o capitulaciones con los descubridores; documentos esencialmente marineros ya colegidos[56] y libros de varia lección en que por incidencia suele haber noticias útiles. Procuraremos ahora aumento del caudal, empezando por las que se refieren a la figura, colores y blasones de las insignias que, a

56 En las Disquisiciones náuticas del autor de este artículo.

la vez que enseñaban con el simbolismo heráldico el nombre y poderío de la nación española, alegraban la vista engalanando los mástiles.

II. Banderas

La carta o mapamundi de Juan de la Cosa, documento fehaciente como obra del maestre y propietario de la nao capitana de Colón, representa a las carabelas en la tierra nuevamente descubierta, ostentando en el palo mayor el estandarte real de Castilla, que era de figura rectangular con las puntas exteriores redondeadas, en forma de escudo; cuartelado de rojo y blanco, con castillos de oro y leones de gules. El mismo estandarte pone sobre la costa en todos aquellos puntos de que se había tomado posesión,[57] conforme en todo con el guión que pintó cierto fraile franciscano a mediados del siglo XIV en códice que se conserva en la biblioteca del Palacio real;[58] conforme con la enseña desplegada por el rey don Juan II el año 1431 en la batalla de la Higueruela, según se ve en el monasterio del Escorial; conforme con las cartas de marear antiguas que nos quedan; conforme asimismo con la descripción del pendón real hecha en el inventario que formó Gaspar de Gricio de las cosas que la reina Católica tenía en los Alcázares de Segovia,[59] es decir, tal cual en Castilla se usó en un período de dos siglos cuando menos.

El Diario de don Cristóbal reza el 12 de octubre de 1492. «El almirante salió a tierra en la barca armada y Martín Alonso Pinzón y Vicente Yáñez, su hermano, que era capitán de La Niña. Sacó el almirante la bandera real y los capitanes con dos banderas de la cruz verde, que llevaba el almirante

57 Véase la reproducción de la Carta, publicada en El Centenario, t. I.

58 El libro del conocimiento de todos los reinos, tierras y señoríos que son por el mundo, publicados por el señor don Marcos Jiménez de la Espada en el Boletín de la Sociedad geográfica de Madrid, t. II.

59 Fernando Duro, Tradiciones infundadas, pág. 267.

en todos los navíos por seña, con una F y una I; encima de cada letra su corona, una de un cabo de la símbolo de la cruz de Malta y otra del otro...»

Consigna el mismo Diario a 18 de diciembre que entre las cosas que mostró el almirante y dieron contento al cacique Guacanagarí, fueron las banderas reales y las otras de la cruz. Entre las primeras contaría, sin duda, el guión, insignia privativa de los capitanes generales de mar y tierra, que era un cuadrado de damasco carmesí puesto en asta de lanza, pintado en la tela un crucifijo.[60] De estas insignias hay varios ejemplares en la Armería real, comprendiendo la que usó don Juan de Austria, y que era semejante la del primer almirante da las Indias, se colige por referencia de Ramusio de llevar «Una banniera nella quale era figurato il Nostro Signore Jesucristo in croce».[61]

Teodoro de Bry, que, como es sabido, fue el primero en vulgarizar por Europa la noticia de los descubrimientos, publicando relaciones acompañadas de láminas, dibujó a Colón armado de todas armas, o sea con arnés completo, teniendo en la mano derecha el bastón de capitán general y en la izquierda el guión con el crucifijo;[62] dibujo reproducido en muchas ediciones de la misma obra y en otras referentes a las Indias occidentales de que recientemente ha salido a luz noticia compilada.[63]

En varios pasajes repite el Diario del almirante, ya al avistar la tierra, ya por celebridad de la fiesta de la Virgen María que ponía banderas en los topos de los mástiles y ataviaba la nao, y como quiera que desde el siglo XIV se acostumbraban

60 Tradiciones infundadas citadas antes.

61 Ramusio, Della navigatione e viaggi, raccolta, t. III. fol. I.

62 Insignis Almiranda Historia de reperta primum occidentali India a Christophoro Colombo.

63 Narrative and critical history of America, edited by Justin Winsor. Boston.

flámulas con los castillos y leones, diciendo el cronista francés Froissart que en la batalla de la Rochela las llevaban las naos castellanas tales, que desde los topes llegaban a tocar el agua, cosa hermosa de ver, es presumible que por gala las tuvieran las carabelas, así como otras particulares y de señas que la ordenanza autorizaba. A ellas hacen sin duda alusión las palabras del almirante: la de atavío debe referirse a las pavesadas de paño colorado que ponían los bajeles de la época en las bordas y alrededor de la gata o cofa, en fiestas y combates, según se ve en varias pinturas, singularmente en una de la iglesia de Zumaya, en que se representa combate de naos castellanas y portuguesas.[64]

III. Cámaras y alojamientos

Durante el siglo XV no parece que llevaron los bajeles más de una cámara alta en la popa, que ocupaba el almirante o capitán, y no a descanso, pues según las máximas de don Juan Escalante de Mendoza,[65] «no han de fiar estas personas de nadie porque no se cumpla el refrán que dice duelo ajeno de pelo cuelga; así que han de velar siempre de noche, y lo que hubieren de dormir sea de día y poco».

De las dimensiones que tenía la de la nao capitana de Colón puede juzgarse por el relato escrito en su Diario el 18 de diciembre de 1492, de la visita que le hizo el cacique de Santo Domingo: éste solo se sentó a la mesa con don Cristóbal; otros dos indios lo hicieron en el suelo y los demás tuvieron que quedarse fuera. Se prendó Guacanagarí del arambel o colcha colorada de la cama que Colón le regaló de buen grado; mostróle las banderas que allí tenía, una moneda de oro con las efigies de los reyes y otras cosas.

64 Véase la pág. 19.
65 Itinerario y navegación de los mares. Disquisiciones náuticas, t. V, pág. 486.

Se deduce del pasaje que había en la cámara una mesa para dos personas, un sillón, una silla de tijera, la litera o cama, y probablemente un armario o arcón para guardar ropa y papeles.[66]

En la capitulación firmada para el viaje de Vicente Yáñez Pinzón en 1508[67] se determinaba que los capitanes tendrían francas sus cámaras; a los pilotos y maestres se les permitiría un arca que no había de tener más de cinco palmos en largo y tres en alto; a los marineros un arca entre dos; a los grumetes una entre tres y a los pajes entre cuatro.

La parquedad en alojamiento y mobiliario confirman las observaciones del padre Guevara, reinando Carlos V, al decir:[68] «que no hay escaño a do se echar, banco a do reposar, mesa a do comer ni silla a do se asentar, y que se come en el suelo como moro o en las rodillas como mujer y se duerme en una tabla tomando por almohada una rodela». Mas esto era aplicable a los pasajeros. Eugenio de Salazar refiere años después[69] que el capitán, maestre y piloto comían en una mesa; todos los demás lo hacían en cubierta sobre un pedazo de lona que más que de mantel servía para no manchar

66 El señor don Rodrigo Amador de los Ríos en su artículo titulado La Rábida (España y sus monumentos) concibe de este modo los referidos muebles de la época en la celda de fray Juan Pérez. Mesa de pino o de nogal de pies retorcidos y trabados entre sí por elegantes brazos de hierro forjado. Sitial de madera tallada con respaldo ornado de resaltadas labores, pináculos en los extremos, rosetones en la capa inferior. Arcón de nogal cuyo frente llevaba filigranado encaje de agujas, círculos, flores, cardinas y enrejados, sobre el cual destacaban, tomadas algún tanto del orín por la humedad de los marinos aires, dos grandes cerrajas de hierro, cuyas fallebas fingían enroscadas sierpes.

67 Colec. de docum. inéd. de Indias, t. XXXI, pág. 513.

68 Disquisiciones náuticas, t. II.

69 Ídem, íd.

las tablas. Los marineros tenían platos grandes de madera en común y una gaveta de lo mismo para el vino.

Muchas referencias ayudan a la persuasión de no haberse construido camarotes para oficiales hasta muy adelantado el siglo XVI, y esto sin autorización, por corruptela que hubo de corregirse varias veces antes que en la ordenanzas de 1613 se mandara terminantemente «que no haya camarotes en la popa arriba, más que una chopa para el piloto». En otra ordenanza de 1678 se ordenaba todavía que no hubiera en galeras más que dos taburetes, seis sillas de tijera y una mesa y que ninguna persona de guerra o mar embarcara más de una caja de las dimensiones dichas y un trasportín, bajo pena de pérdida de los objetos.

IV. Camas

En expediciones militares, cuando a la tripulación ordinaria de las naos se agregaban compañías de guerra, se concedía únicamente a los capitanes derecho a participar de la cámara de popa y por ello empezaron a construirse los cadalechos o literas, adosando al costado con carácter provisional, bastidores de lona. Los oficiales y cualquiera otra persona pasajera, por alto que fuera su rango, habían de contentarse con el trasportín o colchoneta, liados durante el día en petate de esparto y almacenados en la bodega; tendidos de noche donde no estorbaran. Los marinos y soldados carecían de semejante comodidad; estaba prohibido que ninguno durmiera bajo de cubierta, aun acabado su cuarto, para estar a mano si cargaba el tiempo de repente.[70]

Tenían las esterillas del petate la ventaja de servir de mortajas en caso necesario: cuéntalo Gonzalo Fernández de

70 Disquisiciones náuticas, t. VI, pág. 173.

Oviedo, que con ser persona de calidad no había tenido excepción en la regla, en estos términos:[71]

«Queriendo un marinero aprovecharse del serón de esparto que allí estaba debajo de un colchón en que yo iba echada, le dijo el criado: «no tomes el serón, que ya ves que el capitán está muriéndose, e muerto, no hay otro en que envolverlo y echarlo a la mar»; lo cual oí muy bien y sentándome en la cama muy enojado, dije: «sacad el serón, que no tengo de morir en la mar, ni quiera Dios que me falte sepultura en tierra.» En efecto, empezó desde entonces a mejorar, reaccionado con la indignación que le produjo aquel deseo de heredarle en vida.

Cervantes dio por tan sabida la costumbre que hablando en *El celoso extremeño* de la resolución de aquel hidalgo falto de dinero y aun con no muchos amigos que se acogió al remedio de pasarse a las Indias, refiere cómo habiéndose acomodado con el almirante aderezó su mortaja de esparto y se embarcó en Cádiz. Con más autoridad lo expresa una Real cédula fecha en Tordesillas a 20 de noviembre de 1510 diciendo a los oficiales de la Casa de la Contratación de Sevilla: «Yo vos mando que demás del pasaje que agora mando dar a los frailes dominicos que van a las Indias, les deis a cada uno dos mantas y una jerga para hacer camas para que lo lleven en los navíos en que han de ir, e se les quede allá, de los cuales yo les hago merced e limosna».[72]

71 Historia general de Indias, lib. L. Infortunios y naufragios.
72 Colecc. de docum. ined. de Indias. 2.ª serie, t. V, pág. 243.

De los indios aprendió Colón, lo mismo que sus compañeros, la manera de dormir en hamacas colgadas que andando el tiempo se dieron a los mareantes.[73]

V. Matalotaje

«Así Dios me ayude, escribía don Fernando Colón en la Historia de su padre, que vi muchos que esperaban la noche para comer la mazamorra[74] por no ver los gusanos que tenía, y otros estaban ya tan acostumbrados que aun no quitaban los gusanos aunque los viesen, porque si se detuviesen a esto perderían la cena.»

La relación del viaje de Jaime Rasquín al Río de la Plata[75] consigna que se distribuía el agua por ración de medio cuartillo escaso cada día. En la expedición de Mendaña «la ración que se daba era media libra de harina de que sin cernir hacían unas tortillas amasadas con agua del mar y asadas en las brasas, con medio cuartillo de agua lleno de podridas cucarachas. Andaban los enfermos con la rabia pidiendo una sola gota, mostrando la lengua con el dedo, como el rico avariento a Lázaro...»

Envasada el agua en pipería de madera con aros de los mismo, se corrompía, derramaba y escaseaba generalmente. El bizcocho, base de la alimentación a bordo, fermentaba por efecto combinado del calor y la humedad de la bodega, aunque resistía mucho más que el tocino y pescado salados, el garbanzo y el queso, componentes de la ración. Así y todo,

73 Un pasaje del Diario de Colón indica que no se carecía en absoluto de camas a su bordo, al decir que en la recalada a la isla de Santa María, en las Azores, vinieron a la carabela tres portugueses, y el almirante mandóles dar camas en que durmiesen aquella noche. Véase día 19 de febrero de 1493.

74 Galleta menuda y sopa que se hace con ella.

75 Colecc. Muñoz, t. 88, pág. 96.

en circunstancias ordinarias la despachaban con buen ánimo: dejémosle contar al facecioso Salazar.[76]

«En un santiamén se sienta la gente marina en el suelo a la mesa, dando la cabecera al Contramaestre. Uno echa las piernas atrás, otro los pies adelante; cuál se sienta en cuclillas y cuál recostado y de otras muchas maneras. Y sin esperar bendición, sacan los caballeros de la tabla redonda sus cuchillas o gañavetes de diversas hechuras, que algunos se hicieron para matar puercos, otros para desollar borregos, otros para cortar bolsas; y cogen entre manos los pobres huesos y así los van desforneciendo de sus nervios y cuerdas, como si toda su vida hubiesen andado a la práctica de la anatomía en Guadalupe o en Valencia, y en un credo los dejan más tersos y limpios que el marfil. Los viernes y vigilias comen sus habas guisadas con agua y sal. Las fiestas recias comen su abadejo. Anda un paje con la gaveta del brebaje en la mano, y con su taza, dándoles de beber harto menos y peor vino, y más baptizado que ellos querrían. Y así comiendo el ante por pos, y el pos por ante, y el medio por todos, concluyen su comida sin quedar conclusa su hambre... Pedid de beber en medio de la mar; moriréis de sed, que os darán el agua por onzas como en la botica, después de hartos de cecinas y cosas saladas; que la señora mar no sufre ni conserva carnes ni pescados que no vistan su sal. Y así todo lo más que se come es corrompido y hediondo, como el mabonto de los negros zapes. Y aun con el agua es menester perder los sentidos del gusto y olfato y vista para beberla y no sentirla. De esta manera se come y se bebe en esa agradable ciudad. ¿Pues si en comer y en beber hay este regalo, en lo demás cuál será? Mozos y viejos, sucios y limpios, todos, van hechos una mólola, pegados unos con otros; y así uno regüelda, otro suelta los vientos, otra descarga las tripas, vos almorzáis; y no se puede decir a

76 Disquisiciones náuticas, t. II, pág. 187.

ninguno que usa de mala crianza, porque las ordenanzas de esta ciudad lo permiten todo.»

VI. Fogón

Isleta de las ollas denominaba el mismo Salazar a este factor de la comida, que no poca materia dio también al buen humor del obispo de Mondoñedo. Antonio de Herrera refiere[77] que en una nao portuguesa derrotada hasta la isla de Siete Ciudades, poco después de mediado el siglo XV, habiendo tomado tierra para el fogón, se advirtió la aparición de partículas de oro fundidas, con que se despertó el afán de las exploraciones por dar con tan afortunado lugar.

La práctica de poner tierra por cama del combustible, que era leña, duró mucho tiempo, manteniendo en los buques de guerra una frase que han oído muchos de los que viven. Cuando algún marinero inexperto cantaba desde el tope ¡tierra! engañado por el celaje, contestábanle desde abajo ¡la del fogón!

Con estos antecedentes es de conjeturar que el de las carabelas en su viaje de descubrimiento era un cuerpo de ladrillo de forma cúbica con aristas de hierro, hornillas y tierra en el fondo, semejante a los que en Andalucía se llaman anafres.

Como en las naos iba sobre cubierta, hacíasele un tambucho sin abrigo en forma de tienda.

VII. Beques

Lugares no excusados son estos a que poéticamente nombra jardines la gente de mar. Ni al restaurar las carabelas cabe olvidarlos, ni con aroma los sabrá describir quien no tenga la sal de los dos autores antináuticos con tanta frecuencia citados en esta exposición. Háganlo ellos. Salazar, llegando al punto, escribía:

77 Décadas de Indias. Dec. I.

«Queréis proveeros, provéalo Vargas; es menester colgaros a la mar como castillo de grumete; y hacer cedebones al Sol y a sus doce sinos, a la Luna y a los demás planetas, y emplazarlos a todos y asiros bien a las crines del caballo de palo so pena que, si soltáis, os derribará de manera que no cabalguéis más en él; y es tal el asiento que...» (Al llegar aquí no halló vocablos castellanos; tradujo la idea en dialecto gallego.)

Don Antonio de Guevara, sin tanto circunloquio, lamentaba la precisión de que vieran las gentes a todo un Reverendísimo señor obispo asentado en la necesaria como le veían comer a la mesa. También lamentaría la aspereza de la estopa embreada de filástica con que le sirviera algún proel respetuoso.

VIII. Luces

Como insignia de mando que era el farol de popa, solo podían usarlo y encenderlo los jefes de escuadra: como distintivo exterior se procuraba darle visualidad artística, según los tiempos.[78] En un principio resguardaban al hachote de cera láminas de talco; después se adoptaron vidrios.

Indica el Diario del almirante que encendía todas las noches el farol de popa, y que al separarse La Pinta sobre la costa de Cuba, puso en los palos otros faroles de señales. En el tercer viaje destacó desde Canarias tres de sus naves, ordenando cuál de los capitanes había de hacer farol.

Las instrucciones dadas en marzo de 1508 a Juan Díaz de Solís y a Vicente Yáñez regulaban el uso de esta insignia previniendo que las naves subordinadas, todos los días, una vez por la mañana y otra por la tarde salvaran a la capitana

78 Disquisiciones náuticas, t. I, pág. 231.

como de uso y costumbre y tomaran la orden de lo que se iba a hacer durante la noche.[79]

Esta costumbre inmemorial traducida en precepto, consistía en pasar muy cerca por la popa de la capitana, saludar a la voz y con trompetas, dar cuenta de ocurrencias y recibir la orden.[80] De ella hablaba el cronista del emperador Carlos V al narrar[81] el primer viaje que desde Flandes a España hizo en 1517 con armada de 52 bajeles, diciendo era espectáculo en verdad majestuoso contemplar aquellas naos soberbias como otros tantos castillos, obedientes a la voz del soberano; a la hora de la amanecida sobre todo, cuando una a una pasaban por la popa de la Real a dar el buen viaje con ciertas voces al son del pito del contramaestre, y cañonazos.

Aparte del farol de popa no había más luz en la nave que la del timonel puesta en la forma que el curioso Salazar apunta. «La luz y la aguja de esta ciudad se encierra de noche en la bitácora, que es una caja semejante a estas en que se suelen meter y encubrir los servicios de respeto que están en recámaras de señoras.»

Desde el momento de encenderla entraban los pajes a velarla con la ampolleta, cantando:

La guarda es tomada;
La ampolleta muele;
Buen viaje haremos
Si Dios quisiere.

«Es obligación de los pajes, decían las instrucciones, a boca de noche traer en una lanterna lumbre a la bitácora para que el timonero y piloto vean la aguja de marear. Nun-

79 Docum. inéd. de Indias, t. XXXI, pág. 513.
80 Disquisiciones náuticas, t. V, pág. 490.
81 Juan de Vandenesse, Diario del viaje de don Carlos.

ca jamás ha de permitirse que nadie meta lumbre debajo de cubierta sino dentro de lanterna, porque el naufragio que en la mar sucede por fuego es de los más temerosos y trabajosos que pueden suceder y así debe haber vigilantísimo cuidado y recato con todo lo tocante a la guarda del fuego y lumbre de la nao.»

Natural era que al rey don Carlos se guardaran consideraciones excepcionales en el viaje referido: su cronista consigna que ponían a las señoras linternas de hierro mientras se acostaban, después de lo cual el capitán del navío visitaba los lugares y no quedaba más lumbre que en los faroles de popa; una linterna en la cámara del rey; otra en la de la infanta doña Leonor, su hermana; la de la bitácora y la del castillo de popa «bajo la cual se resguardan los marineros mientras el pito no les llama.»

A pesar de tantas precauciones se incendió durante la navegación el navío de la caballeriza, quizá por irreflexión de la gente joven que conducía, y perecieron abrasadas 160 personas, entre ellas el segundo caballerizo y 22 pajes del rey.[82]

Empleábanse en el alumbrado velas de sebo.

IX. Bombas

Las españolas, consideradas mejores que las flamencas e italianas, eran hechas de madera a torno, que se breaba exteriormente: llevábanse para ellas hierros de respeto, cuero curtido, tachuelas, morterete y zunchos, siendo cargo del calafate componer los desperfectos. García de Palacio recomendaba para cuando se desconcertasen y fuere menester entrar en el arca de la sentina, meter antes una linterna con vela encendida, y si estuviese dentro buen rato sin apagarse, se podía entrar seguramente; en otro caso, entendiendo que había dentro aire corrupto que podría matar, debía echarse

82 Fray Prudencio de Sandoval. Historia del emperador.

vinagre en cantidad, orines y agua fría para que la mundificaran y quitaran el daño y pestilencia que suele tener.

En la advertencia se acredita la verdad con que el consabido Salazar decía: «hay en esta ciudad una fuente o dos, que se llaman bombas, cuya agua, ni la lengua ni el paladar las querían gustar, ni las narices oler, ni aun los ojos ver, porque sale espumeando como infierno y hedionda como el diablo». Dicho esto, completaremos la pintura que de la nao hacía el chistoso Iegista.

«Algunos llaman a esto caballo de palo, y otros rocín de madera, y otros pájaro puerco, aunque yo le llamo pueblo y ciudad, mas no la de Dios que describió el glorioso Augustino. Porque no vi en ella templo sagrado ni casa de justicia, ni a los moradores se dice misa, ni los habitantes viven sujetos a la ley de razón. Es un pueblo prolongado, agudo y afilado por delante y más ancho por detrás, a manera de cepa de puente; tiene sus calles, plazas y habitaciones; está cercado de su amuradas; al un cabo tiene castillo de proa con más de diez mil caballeros en cada cuartel; al otro su alcázar tan fuerte y bien cimentado, que un poco de viento le arrancará las raíces de cuajo, os volverá los cimientos al cielo y los tejados al profundo. Tiene su artillería y su condestable que la gobierna; tiene mesas de guarnición; tiene bigotes y aun bigotas... tiene un molinete que con su furia mueve a los marineros y con su ruido a los pasajeros. Hay aposentos tan cerrados, oscuros y olorosas que parecen bóvedas o carneros de difuntos. Tienen estos aposentos las puertas en el suelo que se llaman escotillas, porque los que por ellas entran escotan bien el contento, alivio y buen olor que han recibido en los aposentos de la tierra, y porque como los aposentos parecen senos del infierno (si no lo son), es cosa cuadrante que las puertas y entradas estén en el suelo de manera que entren hundiendo los que allá entraren. Hay tantas redes de jarcia y cuerdas a la una y la otra banda, que los hombres allí dentro parecen pollos y capones que se llevan a vender en gallineros de red de esparto. Hay árboles en esta ciudad, no de los que sudan gomas y licores aromáticos, sino de los que corren contino puerca pez y hediondo sebo. El terreno de este lugar es de tal cualidad que cuando llueve está tieso y cuando los soles son mayores se enternecen los lodos y se os pegan los pies al suelo que apenas los podréis levantar. De las cercas adentro tiene grandísima copia de volatería de cucarachas y grande abundancia de montería de ratones que muchos de ellos se aculan y resisten a los monteros como jabalíes. Es esta ciudad triste y oscura; por de fuera negra, por dentro negrísima; suelos negrales, paredes negrunas, habitadores negrazos y oficiales negretes.

X. Disposición del ánima

Generalizada la navegación de las Indias, ninguna persona embarcaba, con todo, sin haber hecho testamento y sin confesar y comulgar la víspera. Las instrucciones y ordenanzas de los capitanes generales hacían obligatorio lo último para los hombres de mar y guerra, encomendándoles fueran abordo en estado de gracia, pues que habían de ir en peligro de muerte; prohibiendo durante el viaje pecados públicos, blasfemias, juegos demasiados, hacer ni decir cosa contra el servicio y honra de Dios o el rey.[83]

Cumpliéndose tales prevenciones en tiempo en que el camino era trillado por tantas flotas, con mayor razón había de hacerse al emprenderlo por primera vez sin saber adonde conducía, sábese que don Cristóbal acudió al tribunal de la penitencia y que los que le acompañaron en el viaje fueron, componiendo imponente procesión a la iglesia de Palos, para disponerse a bien morir. Días de angustia y zozobra les es-

83 Disquisiciones náuticas, t. V, pág. 484.

peraban; el viento constante parecía vedarles el retroceso; la mar cuajada de yerba extraña iba a impedirles el avance; el horizonte se presentaba cada hora ilimitado... perdieron no sin razón la confianza que les inspirara su caudillo, mas conservaron la esperanza en Dios.

El piadoso almirante consignó en el Diario que en la tarde del 11 de octubre, víspera del hallazgo de la tierra deseada, habían cantado las tripulaciones a la oración, la Salve acostumbrada, y luego, en el momento supremo, cuando cayó de rodillas y con los ojos arrasados, la gorra en la mano, dio gracias al Altísimo, le imitó la gente entonando con indecible emoción Gloria in excelsis Deo; Te Deum laudamus...

De la costumbre a que alude don Cristóbal hay repetida mención de los escritores del tiempo. Uno de ellos, anónimo[84] escribía: «Es obligación y ejercicio de los pajes, en las mañanas cantar los buenos días y a la tarde, después de anochecido, las buenas noches. A boca de noche, la oración, encomendando en ella a las ánimas del purgatorio para que recen un Pater noster y Ave María.» «Han de velar la ampolleta por sus cuartos, repite Escalante,[85] y rezar y cantar el Ave María, y los buenos días.»

No dejó Salazar sin recuerdo las oraciones de los pajes que todavía hoy recuerdan las trompetas al tomar y dejar las camas los marineros, expresando que al alba cantaban

Bendita sea la luz
y la santa veracruz,
y el señor de la verdad
y la Santa Trinidad:
Bendita sea el alma
Y el señor que nos lo manda;
Bendito sea el día

84 Disquisiciones náuticas, t. VI, pág. 201.
85 Ídem, t. V, pág. 480.

Y el señor que nos le envía.

Pater noster. Ave María. Amén. Dios nos dé buenos días. Buen viaje ¡buen pasaje!

Al anochecer:

Bendita sea la hora
En que Dios nació;
Santa María que le parió,
San Juan que le bautizó.

Pater noster. Ave María. Amén. Dios nos dé buenas noches. Buen viaje, ¡buen pasaje![86]

«Llegado el sábado, sigue contando, estando puesto un altar con imagen y velas encendidas, se comienza la salve y todos somos cantores: todos hacemos de garganta. No fuimos en nuestro canto por terceras, quintas ni octavas, sino cantando a un tiempo todos ocho tonos y más otros medios tonos y cuartas. Porque como los marineros son amigos de divisiones y dividieron los cuatro vientos en treinta y dos, así los ocho tonos de la música los tienen repartidos en otros treinta y dos tonos diversos, perversos, resonantes y muy disonantes, de manera que hacíamos este día en el canto de la Salve y letanía una tormenta de huracanes de música, que si Dios y su gloriosa Madre y los Santos a quien rogamos, miraran a nuestros tonos y voces y no a nuestros corazones y espíritus, no nos conviniera pedir misericordia con tanto desconcierto de alaridos.

«Acabada la Salve y letanía dijo el maestre, que allí es preste; «digamos todos un credo a honra y honor de los bien-

86 Solían enseñarse a los loros en América, estas cantinelas de los pajes y la voz de fuego a babor y a estribor al pasar las naos por la popa de la Capitana real.

aventurados Apóstoles, que rueguen a nuestro señor Jesucristo nos dé buen viaje.»

Luego dicen el credo todos los que le creen. Luego dice un paje, que es allí monacillo: «digamos un Ave María por el navío y compañía»: responden los otros pajes, «sea bien venida», y luego rezamos todos el Ave María. Después dicen los muchachos levantándose: «Amén y Dios nos dé buenas noches». Y con esto se acaba la celebración de este día, que es la ordinaria de cada sábado.»

Aunque de observador humorístico, coinciden las noticias con las recogidas por el criado del emperador, Juan de Vandenesse, en presencia de su augusto señor. Refiere que al anochecer llamaba el contramaestre con el pito a toda la gente del navío, grandes y pequeños, y si alguno andaba remiso le avivaba con un chicote, de manera que corrían aquellos hombres como ratas. Reunidos, hacían el saludo y rezo, a que asistía el rey. Las oraciones empezaban, cantando los pajes Ave María; después, por todos Salve Regina. Unos (dice) lo hacían por alto; otros por bajo; cada cual como podía, y Dios sabe el desconcierto que resultaba. Después un marinero de buena voz invitaba a la compañía a rogar a la Santísima Trinidad que se dignara conducir al rey a buen puerto y le guardara de mal andar.

E aínda, pensaba el padre Guevara, que por privilegio no tienen los mareantes memoria del Miércoles de Ceniza, ni Semana Santa, ni Cuatro témporas, ni aun de la Cuaresma mayor, porque si ayunan, no es por la vigilia, sino porque les falta la vitualla. No tienen pena ni forman conciencia (escribía) por no oír en las fiestas misas. Ninguno al morir es obligado a tomar la extremaunción ni a pagar al sacristán los clamores del tañer, ni a los cofrades los derechos del llevar, ni a cura el enterramiento, ni a frailes la misa cantada, ni a pobres el llevar de la cera, ni a ganapanes el abrir de la huesa, ni aun a comadre el coser de la mortaja, porque el triste y mal aventurado que allí muere, apenas ha dado a Dios el ánima, cuando arrojan a los peces el cuerpo.

XI. Trajes

No se diferenciaban los hombres de mar de los de tierra, en el vestido, al transcurrir los siglos XV y XVI, exceptuando las ocasiones de embarque de personas reales, que entonces los primeros recibían ropas de grana, por tradición conservada desde los tiempos de don Alfonso el Sabio. En lo ordinario, no exigiéndose uniformidad en los trajes de la milicia de mar y tierra, vino a ser distintivo de mareante el bonete rojo, como de soldado lo era el coleto de ante. Con este bonete cónico se representan los primeros en las pinturas de la época y muchas veces lo menciona el Diario del almirante, ya porque agasajaba a los indios con los que llevaban las carabelas de repuesto;[87] ya porque se servía del de cualquier grumete para depositar los garbanzos y sortear el romero que cumpliera los votos hechos al sufrir temporal.[88]

Procedían generalmente de los telares de Toledo, ciudad en que había gremio de boneteros, muy acreditado; pero usaban también los marinos unos capuces característicos, excelentes para defensa de la lluvia, que consistían en una especie de esclavina corta con capucha, y abrigaban cabeza, cuello y hombros. En las naos del retablo de San Nicolás de Burgos, labrado a fines del siglo XV, están patentes.

Don Antonio de Guevara nombra calzas marineras a las más fuertes, que se recomendaban para embarco. Escalante insinúa que en su tiempo, principalmente entre los pilotos empezaba a compartir el color azul la predilección; por ser sufrido para la mar, y es constante que aun los forzados de

87 Véanse los días 11 y 15 de octubre de 1492 y 14 de enero de 1493.
88 Ídem el 14 de febrero.

galeras tenían un capote grande con mangas y capucha en la estación rigorosa.

En la vida de la galera se lee:

> Luego me mandaron dar
> Un almilla colorada
> Aforrada con gear
>
> ...
>
> También capote y calzones
> Y un bonete colorado,
> Capote y calza a montones...

Los trompeteros, porque a veces servían de heraldos, se vestían con más delicadeza; calzas rojas, justillo con mangas perdidas y el escudo de armas reales bordado sobre el pecho, gorra de paño.

Ha sido causa el gabán marinero de paño pardo (llamado también papahigo por alusión a la vela mayor de las naos), que don Cristóbal, como todos, usaba a las veces, de que algunos creyeran que llevaba hábito de fraile franciscano y aunque era hermano de la Orden Tercera.[89] Probablemente se funda la suposición en lo que Gonzalo Fernández de Oviedo, el padre Las Casas y el cura de los Palacios escribieron del traje cuando regresaba del segundo viaje. Oviedo refirió, que

89 No parece que hubiera omitido esta circunstancia el padre Las Casas en los varios pasajes en que trata de las relaciones de don Cristóbal con frailes de la orden, singularmente en el que se refiere al guardián del convento de la Rábida, al decir: «Cognoscio que después de almirante, siempre fue devoto de aquella orden». Hist. de las Indias, t. I, pág. 250. Parecida referencia hizo don Fernando Colón en las historia de su padre, diciendo que en la última hora le amortajaron con hábito de San Francisco.

sentido el almirante de las pesquisas de Aguado, vistióse de pardo como fraile e dejóse crescer la barba. Bernáldez, que alojó en su casa al aludido, contaba: «vino el almirante en Castilla en el mes de junio de 1496 vestido de unas ropas de color de hábito de San Francisco de la observancia e en la hechura poco menos que de hábito y con cordón de San Francisco por devoción». Las palabras del padres Las Casas, no son menos claras: «y él, porque era muy devoto de San Francisco, vistióse de pardo, y yo le vide en Sevilla al tiempo que llegó de acá vestido cuasi como fraile de San Francisco».

Hay conformidad en todos de que el traje era del color, pero no de la hechura del hábito de San Francisco; por ello, sin duda, discutiendo don Ángel de los Ríos y Ríos con el autor de la Iconografía española,[90] opinaba que lo que pareció al cura de los Palacios ropa monacal por comparación de la sociedad en que vivía, no era otra cosa que el abrigo de los marinos; el tabardo de las órdenes militares; el capote petrificado en las costumbres; el ropón de que hablaba el doctor Girón a principios del siglo XVI, diciendo:

«También traían tabardos, que eran unas ropas cortadas como capuces e con su capilla: otras cerradas, pero tenían abiertas una maneras a los lados, en derecho de los brazos, por donde los sacaban, e tenían unas mangas junto a las maneras, por detrás, angostas, tan largas como era la ropa».

Pudiera agregarse que aun hoy en Sagayo y otros lugares de Castilla la Vieja se mantiene con el nombre de anguarina el traje pardo del almirante con igual longitud y anchura; con las maneras, las mangas largas y la capilla, con que sin serlo, parecen frailes de San Francisco los campesinos.

Se ha escrito que Cristóbal Colón, considerándose almirante de las Indias desde el momento de descubrir la tierra nueva, por virtud de las capitulaciones de Santa Fe, tomó la

90 Boletín de la Academia de la Historia, t. I.

posesión como tal almirante con rica vestidura de grana sobre el arnés que deslumbraba la vista de los naturales. En el Diario no consta el pormenor, mas sí dice (a 30 de diciembre) que se quitó un capuz de fina grana que llevaba (el capuz marinero), y lo dio al cacique Guacanagarí, al cual había agasajado antes con unos zapatos colorados.[91] Comprueban sus palabras que solía vestir abordo, del color rojo tradicional.

El resto del traje usado entonces por los capitanes y caballeros de cuenta era calza entera escarlata, justillo de raso, sobre cuerpo sin mangas con vueltas o ribetes de color, que no llegaba a la rodilla; botas más altas que ésta y gorra con vueltas que podía bajarse y cubrir las orejas, algo semejante a las monteras que gastan los murcianos. La pragmática de los trajes que prohibía el uso de brocados, bordados de seda, chapados de oro, etc., y que se hizo extensiva a las Indias por Real Cédula de 12 de noviembre de 1509, sirve para conocer nombres de las prendas de vestir y telas en ellas empleadas, por cuanto entre otras cosas decían:

«Las personas que tengan bienes en cuantía de mil castellanos traigan jubón e caperuzas e bolsas e ribetes e pestañas de seda de cualquier color que fueren, con tanto que en una ropa no traigan más de un ribete e que no haya en los dichos ribetes e pestañas más anchura de como un dedo pulgar, e que no se traigan en los ruedos de las ropas, e que puedan traer becas de tercinel e de tafetán e papahigos de camino aforrados en el mismo tercinel e tafetán, e así mismo permitimos que puedan traer de seda las corazas e guarniciones, las faldas e goretes e capacetes e baberas e griyotes».

Pero podría asegurarse que no rezó con el almirante la pragmática, pues sin tantas razones se exceptuó al comendador de Lares Frey Nicolás de Ovando en 26 de Septiembre de 1501, mandando que por el tiempo que en las islas y tierra

91 El 18 de diciembre.

firme estuviera por gobernador, «pudiera vestir y cubrir su persona de raso de colores, de brocados de seda e paños e joyas, seda, oro e piedras preciosas sin embargo ni impedimento alguno»,[92] y más lata concesión se hizo posteriormente en favor de la virreina doña María de Toledo, expresando en la cédula la facultad de aplicar oro y joyas a la montura y arreos de las cabalgaduras que usara.

Una cuestión se ha debatido últimamente con motivo del examen y discusión de los retratos del almirante, si debería representarse su efigie con barba o sin ella. El pasaje anteriormente citado del cronista Oviedo, al explicar que por circunstancias eventuales dejó de afeitarse; indica que ordinariamente lo hacía, como era costumbre. El rey don Fernando, el Gran capitán, los personajes de la Corte de que tenemos memorias, están retratados sin ese natural crecimiento capilar en la cara del hombre, y como quiera que el mismo cronista, en todo conforme con los coetáneos, bosquejó físicamente a don Cristóbal sin barba, es razonable admitir que así él como capitanes y maestres de las carabelas, se acomodaban al uso general de España, proscribiéndola.

Cesáreo Fernández Duro

92 Docum. inéd. de Indias, t. XXXI, pág. 61.

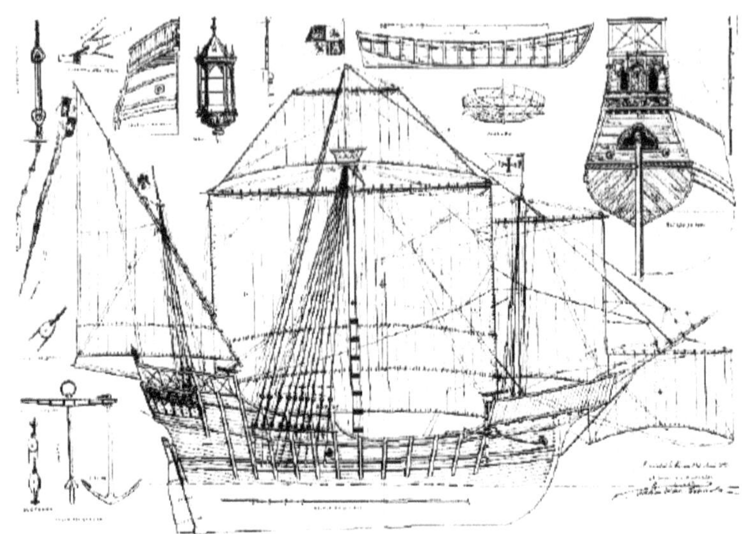

Nao Santa María, plano de velamen Nao Santa María

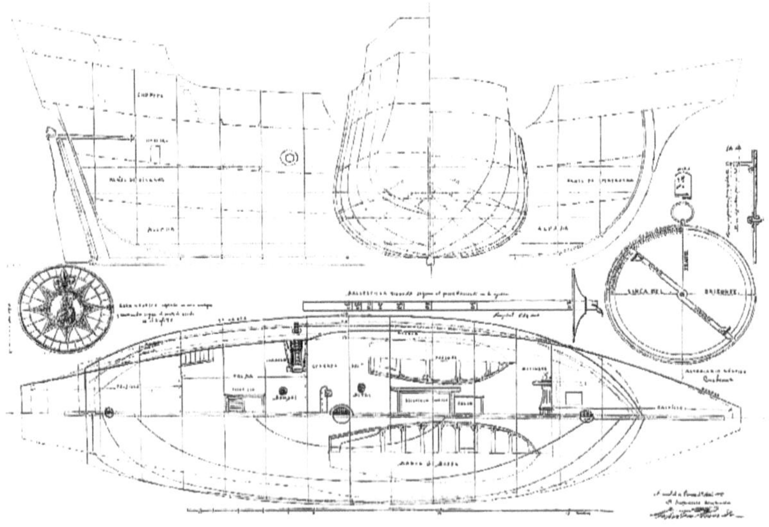

Nao Santa María, plano de trazado

Libros a la carta

A la carta es un servicio especializado para
empresas,
librerías,
bibliotecas,
editoriales
y centros de enseñanza;
y permite confeccionar libros que, por su formato y concepción, sirven a los propósitos más específicos de estas instituciones.

Las empresas nos encargan ediciones personalizadas para marketing editorial o para regalos institucionales. Y los interesados solicitan, a título personal, ediciones antiguas, o no disponibles en el mercado; y las acompañan con notas y comentarios críticos.

Las ediciones tienen como apoyo un libro de estilo con todo tipo de referencias sobre los criterios de tratamiento tipográfico aplicados a nuestros libros que puede ser consultado en Linkgua-ediciones.com.

Linkgua edita por encargo diferentes versiones de una misma obra con distintos tratamientos ortotipográficos (actualizaciones de carácter divulgativo de un clásico, o versiones estrictamente fieles a la edición original de referencia).

Este servicio de ediciones a la carta le permitirá, si usted se dedica a la enseñanza, tener una forma de hacer pública su interpretación de un texto y, sobre una versión digitalizada «base», usted podrá introducir interpretaciones del texto fuente. Es un tópico que los profesores denuncien en clase los desmanes de una edición, o vayan comentando errores de interpretación de un texto y esta es una solución útil a esa necesidad del mundo académico.

Asimismo publicamos de manera sistemática, en un mismo catálogo, tesis doctorales y actas de congresos académicos, que son distribuidas a través de nuestra Web.

El servicio de «libros a la carta» funciona de dos formas.

1. Tenemos un fondo de libros digitalizados que usted puede personalizar en tiradas de al menos cinco ejemplares. Estas personalizaciones pueden ser de todo tipo: añadir notas de clase para uso de un grupo de estudiantes, introducir logos corporativos para uso con fines de marketing empresarial, etc. etc.

2. Buscamos libros descatalogados de otras editoriales y los reeditamos en tiradas cortas a petición de un cliente.

www.ingramcontent.com/pod-product-compliance
Lightning Source LLC
Chambersburg PA
CBHW030613310726
48979CB00003B/690

* 9 7 8 8 4 9 9 5 3 0 9 7 0 *